见器如晤

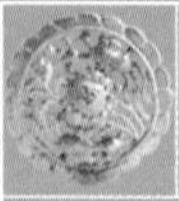

80件

文物里的镇江三千年

镇江博物馆　编

张　剑　马彦如　撰

江苏大学出版社
JIANGSU UNIVERSITY PRESS
镇　江

图书在版编目(CIP)数据

见器如晤：80件文物里的镇江三千年 / 镇江博物馆编；张剑，马彦如撰. — 镇江：江苏大学出版社，2022.10

ISBN 978-7-5684-1804-1

Ⅰ.①见… Ⅱ.①镇… ②张… ③马… Ⅲ.①博物馆—历史文物—介绍—镇江 Ⅳ.①K872.533

中国版本图书馆CIP数据核字(2022)第065046号

见器如晤：80件文物里的镇江三千年
Jianqi Ruwu：80 Jian Wenwu li de Zhenjiang Sanqian Nian

编　　者/镇江博物馆
撰　　者/张　剑　马彦如
责任编辑/吴小娟
出版发行/江苏大学出版社
地　　址/江苏省镇江市京口区学府路301号(邮编：212013)
电　　话/0511-84446464(传真)
网　　址/http：//press.ujs.edu.cn
排　　版/镇江文苑制版印刷有限责任公司
印　　刷/南京互腾纸制品有限公司
开　　本/710mm×1 000mm　1/32
印　　张/10.625
字　　数/200千字
版　　次/2022年10月第1版
印　　次/2022年10月第1次印刷
书　　号/ISBN 978-7-5684-1804-1
定　　价/68.00元

如有印装质量问题请与本社营销部联系(电话：0511-84440882)

自序

镇江博物馆富藏30000余件（套）文物，以西周及春秋时期吴文化青铜器、六朝青瓷器、唐宋元金银器、宋代丝绸服饰、明清书画、清代宫廷瓷器等为馆藏特色，这些珍宝闪烁着中华民族的智慧，展示着古城镇江历史发展的足迹，写写这些文物是我们的兴趣所在。

自2019年9月以来，我们在《京江晚报》开设“镇江宝藏”专栏，书写镇江文物故事，转眼3个年头，得稿110篇。承蒙读者长期以来对栏目的厚爱，深感荣幸，因而萌生了集腋成裘、做一本好看的小书的愿望。

110篇稿件，成书太厚，因择80篇结集，以“见器如晤”命名，幸得镇江市委宣传部、镇江博物馆给予资助，促成书籍付梓。特此申谢。

文物是中华民族悠久历史和灿烂文化的生动见证。构思专栏时，希望文字亲切、平实，风格活泼、优美，小论文，千字文。着笔时坚持初衷，将文物知识、历史典故、隽永国宝，娓娓道来，展示了文化传播的意趣。结集成书时亦保留了初心，书中的那些段段落落，诸如青铜的庄严、银器的流光、瓷器的静谧、丝绸的雅致、书画的瑰丽……中华文明生生不息的基因密码在薪火相传中一一展现，期盼读者由此获得更多的审美感受和人文熏陶。

张　剑　马彦如

2022 年 2 月

目录

零壹

宜侯夨簋

吴国第一铜器

青铜器是人类文明的标志。

距今 6000 年左右，最早的成熟青铜器出现于古巴比伦两河流域。

距今 5000~4000 年，即尧舜禹时代，古文献记载我国已开始冶铸青铜器。

距今 3000 年左右，镇江也有了青铜器。1954 年 6 月，宜侯夨簋等 12 件青铜器的出土确定了镇江 3000 多年有文字的历史。

宜侯夨簋（俯视）

谁第一个发现宜侯夨簋？目前有两个版本。

1955 年出版的《文物参考资料》第 5 期上，江苏省文物管理委员会刊登了《江苏丹徒县烟墩山出土的古代青铜器》。文中写道："1954 年 6 月，丹徒县龙泉乡下聂家村农民聂长保的长子聂金海在镇江大港烟墩山南麓斜坡上翻山芋地垄沟时，无意间在地表下一尺多深的土里掘出了一只鼎，他小心地扩大挖掘范围到二尺多深度，共掘得铜器十二件。"

另一个版本出自文史专家张敏 1984 年写的《宜侯夨簋轶事》，文中提到，他曾访问该器的发现者——丹徒东乡圌山下绍隆禅寺的福贵和尚。1954 年，福贵还俗在家务农，6 月的一天，他在村长聂长保家做帮工，斫山芋田、翻垄沟时掘出了一批青铜器。

宜侯夨簋的发现者到底是聂家长子，还是福贵和尚？是他们独自发现还是共同发现？60 多年过去了，这个疑问难以解开。唯一可知的是，当时围观的村民纷纷议论出土的这些东西是否为金器，为了检验质地，满足大家的好奇心，聂金海随手拿出一件，一锄头将之打碎。

然而，他斫碎的恰恰就是这批青铜器中唯一有铭文的宜侯夨簋。这件珍贵的文物仅在聂家停留了一夜，随后便进入了考古学者的视野，并引发了考古与历史学界的大范围震动。

与宜侯夨簋同时出土的 11 件青铜器，有鼎、鬲、簋、大盘、小盘、盉、牺觥等，推断时代为西周早期。宜侯夨簋并不大，高 15.7 厘米，口径 22.5 厘米。圆形，鼓腹，四兽耳，高圈足，有四扉棱。腹部饰圆涡纹及夔纹，圈足饰夔纹。内底铸有铭文 12 行，现存 120 余字。

正是这 120 余字，向我们展示了周康王时期改封虞侯为宜侯的重要活动。

3000 年前，西周初期，四月丁未这一天，周武王姬发之孙、西周的第三代君主周康王，察看了武王、成王所伐之商图，又观看了东方的地图，在对宜地进行占卜之后，命令虞侯夨说："令你迁到宜地，赐给你好酒一壶、玉器一件、红漆弓一张、红漆箭一百、黑漆弓十张、黑漆箭一千。赐给你土地，包括川、田地和宅邑。赐给你人口，包括王人和庶人。"为感激和纪念周王朝的封赐，宜侯夨特地铸造了宝器宜侯夨簋。

有专家断定，宜侯夨簋铭文中的"宜"就在江苏镇江丹徒一带，这里也是吴国的发祥地。

宜侯夨簋是学者们根据文物所携内容命名的专名。"宜"是地名，"侯"是官名，"夨"是人名，"簋"是器名。宜侯夨簋的珍贵价值与研究意义并不在于它是西周青铜器，也不是因为器物所携带的铭文，而是因为它的铭文中所反映的独特内容是考古发掘中迄今所见唯一详记"封建"诸侯的金文。因其在吴文化研究上的重要

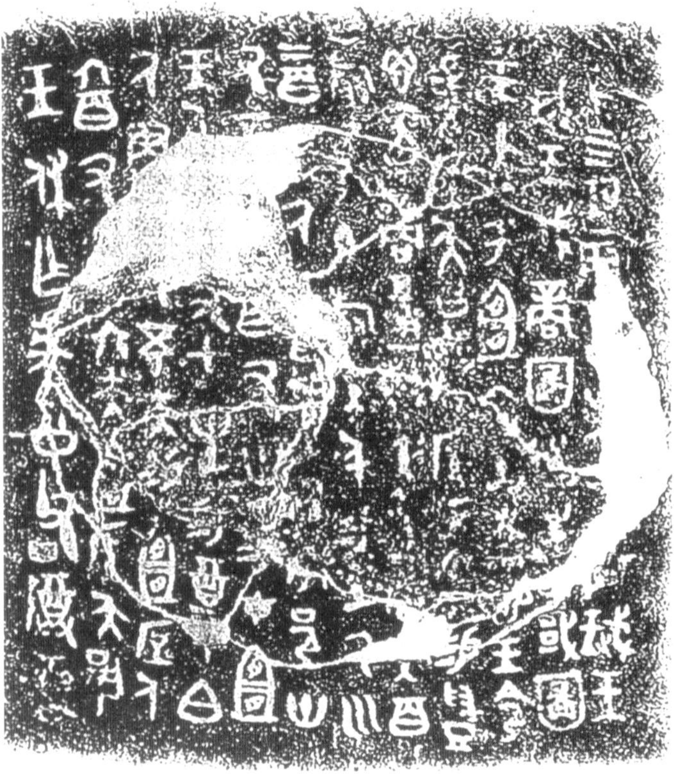

宜侯夨簋铭文

性，宜侯夨簋又被称为“吴国第一铜器”。

目前，镇江博物馆藏宜侯夨簋为复制品。现藏中国国家博物馆的原件，因为补缀修复，所以铭文缺少了8字。

零贰

青铜凤纹尊

镇江博物馆唯一的国宝级文物

一件文物究竟是不是国宝，要经过国家文物鉴定委员会鉴定。鉴定时所持的标准，首先不是文物价值几何，而是它是否是中华文明发展的重要见证。只有有了这一层意义，才能被认定为国宝。馆藏珍贵文物的分级通常由高到低分为一级、二级、三级三个等级，其中一级文物又分为甲、乙两个等次，只有一级甲等文物，才可称为“国宝”。西周青铜凤纹尊是镇江博物馆收藏的唯一一件国宝级藏品。

镇江博物馆收藏的吴国青铜器，多以器形轻薄小巧、纹饰朴素简洁闻名，在中国古代青铜器及吴国青铜文化研究中占有重要地位。而这只青铜凤纹尊无论是价值，还是容积，都堪称重量级。

当人类开始懂得使用青铜器时，人类历史的发展即开始了加速。青铜器坚硬耐磨，且多用途、多功能、多形态，从日常的生活用品、装饰物，到行军作战用的兵器，都有青铜器的身影。

陆游《杂感》诗的名句“一尊易致葡萄酒，万里难逢鹳雀楼”里提到的“尊”，是我国古代一种重要的宴饮酒器和祭祀礼器，主要盛行于我国的商周时期。尊的容积大，因为原始社会酿造的酒度数极低，每当有高贵的客人出席宴会，主人就会奉上一尊酒，这就是“尊敬”一词的由来。

春秋后期，尊已较少见，随着酿酒技术的提高，酒的度数增加，“尊”从酒场上逐渐消失。然而，尊上、尊君、尊驾等由“尊”而起的词组却成为尊称敬语，沿袭至今。

1976 年 12 月，镇江丹阳司徒公社砖瓦厂出土了一件西周青铜凤纹尊。这件精美的艺术品，通高 34 厘米，口径 41.1 厘米，腹径 34.1 厘米，腹围 107 厘米。口沿下饰一周由相向的长尾鸟纹构成的二方连续纹饰，颈部饰一周由乳钉、牺首、鸟纹组成的二方连续纹饰；腹部以云雷纹作底，主体为两对大凤鸟纹。两对凤鸟纹间各补添一只小型动物纹，圆首、凸睛、四足长爪，一为长形体躯，一为圆形体躯，专家猜测为雌雄相异，抑或一蛙一龟。

纵观整件器物，简单而不失章法，有雄浑厚重之美。凝神观望，纹饰丰富多彩又华丽流畅，充满高雅神秘、庄严生动的美感。注目此尊，令人忍不住浮想，这些美丽的凤鸟、蛙、龟是受酒神的邀请，翩然而至，抑或抵挡不住美酒佳酿的诱惑？

青铜凤纹尊卷曲的凤冠、别出心裁的动物纹，兼具中原文化的粗犷豪迈和江南人的匠心巧思，融合了中原和江南两个地区的青铜器铸造风格，显示出吴国青铜器冶炼具有不亚于中原地区的高超水平。

专家认为，青铜凤纹尊的纹饰具有层次感、立体感、对称感、节奏感和统一感。虽然在形制和纹饰上与陕西扶风庄白出土的丰尊极为相似，但凤纹尊器体更阔，沿下凤纹构图婉转生动，富有情趣；腹部凤纹造型独特，姿态骄人。器形与凤鸟纹饰上的微妙差别，可证明凤纹尊并非来自中原。

青铜凤纹尊腹部的两个小型动物纹似图形又似象形文字，与金文中的“黿”字相似。据郭沫若考释，天黿与“轩辕”音近，吴国为周代姬姓封国，在《国语·周语下》中有云：“我姬氏出自天黿。”刻有此族徽图案的西周青铜凤纹尊在吴地丹阳发现，表明吴文化与中原文化具有割舍不断的联系。

因此，西周青铜凤纹尊也被认为是吴越文化仿效、承续和发展西周文化的代表性作品。

青铜凤纹尊（局部）

零叁

西周青铜鸭形尊

第三只脚「插足」才能更稳定

镇江博物馆收藏的青铜鸭形酒尊出土于1982年9月发掘的镇江丹徒大港母子墩西周墓。此尊通体做成鸭形，通高22.2厘米，口径18.3厘米，腹深17厘米。鸭体态丰腴，延颈伫立，身平如船，目视前方，神态宛然，若有所待。此尊素面无纹，尊口开于鸭背。鸭的双足在前，蹼张如扇，后腹另出一螺旋柱足，与双脚呈三角鼎立状共同支撑全体。这一生动的造型，让此件鸭尊显得莫名的稚拙可爱。

一些专家认为，此尊的造型可能与日中有三足乌的古代传说有关。三足乌是中国古代神话中的神鸟。传说古代人以为太阳黑子是会飞的黑色的鸟——乌鸦，又因为不同于自然界中的乌鸦，所以便加一脚以辨别。

第三只脚的“插足”，让鸭形尊稳稳地扎根在地上，一年又一年，妥妥地过了3000多年。让人不得不佩服。

商周时期的青铜礼器多给人庄重、威严和神秘之感，这件鸭形尊却一反常态，写实且亲切，给青铜文化增添了浓浓的艺术气息和生活气息。这种仿鸟兽形状的器物在商周青铜器中是一种特殊的形制，常见的有鸟尊、羊尊、牛尊、虎尊、象尊、猪尊等，而用南方水乡的鸭作尊的形制，则较为少见。鸭形尊的出现，无疑为研究古代农业历史提供了宝贵的实物资料，亦为我们的文艺百花园增添了一抹亮丽的色彩。

鸭古称“鹜”，鹜即野鸭，家鸭是由野鸭驯化而来的。据研究，我国在史前时期就已经开始养鸭，是世界上最早将野鸭驯化为家鸭的国家之一。商墓中已有铜鸭、玉鸭和石鸭出土，在我国最早的辞书《尔雅》中也有关于养鸭的零星记载，可以推测，彼时的鸭已经是人们喜爱的一种动物，鸭的饲养非常普及。

先有蛋，还是先有鸭？1975年，在镇江句容浮山果园土墩墓出土的青釉原始瓷罐中，考古人员意外发现里面居然装有数枚西周时期的鸭蛋。蛋黄和蛋清是有机质，历经近3000年，基本已钙化。这几枚鸭蛋现藏于镇江博物馆库房。别小看这几枚鸭蛋，它们一度在网上特别红，网友们纷纷开玩笑表示，“先有蛋，实锤了”。近3000年的蛋，是我国目前发现的年代较早的实物蛋之一……

零肆

青铜翏生盨

一波三折，终归镇博

在青铜风纹尊、青铜鸭形尊等威名赫赫的青铜器物中，青铜翏生盨初看并不起眼，但这个布满锈迹、条形纹饰均匀分布器身、两侧带把手的器物，却因有50字铭文而牢牢占据博物馆重量级文物的热榜前列。

青铜盨器形椭圆，有盖，通高20.7厘米，口径22×16.3厘米，底径18.5×13.4厘米，盖上矩形钮与底部矩形足两相对称，全器饰平行棱脊纹（瓦纹）。器内、盖内铭文各6行共50字，字数、内容完全相同，记载了盨的主人翏生随周王出征讨伐南淮夷得胜而归之事。铭文中给出了这个青铜器的名字——盨，且明确了此次征战的4个地点，即角、津、桐、遹。据史学家考证，这4个地点分别位于大别山的东西两侧，它们反映出2800年前的西周征讨大军已经纵贯了史

青铜翏生盨铭文

载的南淮夷全境。

从形式上看，盨很像方形或长方形的簋。盨的盛行时期是西周中晚期，比簋晚些。有专家通过对翏生盨铭文的研究，认为它应属于周厉王时期的器物。也有专家认为，周王征讨南淮夷的胜局是周宣王时期完成的，这一史实成为翏生盨是周宣王时期器物的重要凭证。

对于翏生盨铸造的年代，专家学者的意见不完全相同。而说起这件文物的来历，更是颇为曲折。

1958 年，镇江博物馆创建。1959 年，时任镇江市文物管理委员会副主任的陆小波，动员唐寿民、唐嵩山、罗雁峰、袁左良等地方知名人士，将大批书画、青铜器、古籍图书捐献给镇江博物馆，丰富馆藏。鲜为人知的是，唐嵩山向博物馆捐献文物时却遭遇了一波三折，让人啼笑皆非。

唐嵩山，镇江人，原为交通银行中南区襄理，是一名佛教徒。爱好收藏地下文物的他，一生积蓄多半耗费于此。抗战时期，为免文物在战火中遭劫，他把文物分装于十个大木箱之中，请银行职员谭先生帮他运撤到四川成都，并存放在谭家。新中国成立后，原设想将文物捐献给金山的唐嵩山，在陆小波的动员下，决定将这批文物捐赠给镇江博物馆，不过，要博物馆派人去四川提取。

1960年，时任镇江博物馆馆长的陆九皋派人前往成都，将文物运到车站。这时，已在成都税务局工作的谭氏，认为必须要将此事向组织汇报。税务局得知是文物后，认为必须要将文物的情况先弄清楚，于是会同当地法院将其暂为扣留。

镇江文化处遂向江苏省文化厅汇报此事，省厅出函向四川省文化厅说明情况，可不久传来信息，这批文物已被法院移交至成都市文化部门，这一扣就是两年多。

1963年春，一直关心此事的陆小波去北京参加中国民主建国会大会，他向一同开会的四川省副省长说明此事，得到这位副省长的理解和支持。不久，四川省文化厅就通知镇江博物馆前去提取这批文物。

1963年9月，唐嵩山收藏的532件文物全部运回镇江博物馆，有商周青铜器、隋唐鎏金铜佛像、北朝陶瓷俑等重要文物，其中就有这件形状特殊的文物——青铜翏生盨。

唐嵩山等人的无私捐赠，让一件件珍贵文物留在了博物馆，也让世人得以遇见。

传世的翏生盨不止一件，现在所知，一件记载于罗振玉的《三代吉金文存》著录，惜仅存器身，铭文锈蚀不清（现藏辽宁旅顺博物馆）；一件存于上海博物馆；一件就是镇江博物馆辗转获得的这件。

零伍

薄胎刻纹青铜水器

古代贵族沃盥之礼的见证

刻纹是中国古代青铜器铸造工艺中一项新的技艺，薄胎刻纹铜器更是我国青铜器中少见的精品。其胎薄如纸，纹饰绵密细致，錾刻细如发丝，线条流畅生动，描绘内容有宴飨、狩猎等活动。

中国早在西周晚期就发明了人工冶铁术。至春秋时期，金属冶炼技术有了突飞猛进的发展，铁制工具被广泛应用，为青铜器刻纹加工提供了坚实的基础。

刻纹又称针刻纹或錾刻纹，是在铜器表面用坚硬而锋利的錾、凿、针等金属工具刻画出细小的点、线、面，这些纹饰多用于装饰现实生活情景及神怪画像。刻纹装饰的铜器多以浑铸成形，要求铸造技术精湛纯熟，难度极大。

镇江博物馆保存了春秋时期一盘一匜两件工艺精湛、具有极高艺术价值的薄胎刻纹青铜水器。盘匜，是古代盥洗器皿盘与匜的并称，商周时期贵族宴前饭后盥礼时使用，商周早期多单出，西周晚期至战国多为盘匜成组，匜以注水，盘以承接。

青铜刻纹匜，1985 年 4 月谏壁王家山春秋墓出土。通长 28 厘米，高 10 厘米，薄胎，整体呈瓢形，短流，略上扬。器内壁纹饰以三道线分为四层，第一层为树木，第二层为鸟和树，第三层为宴饮图，第四层为云气纹带。纹饰刻画细腻、精巧。

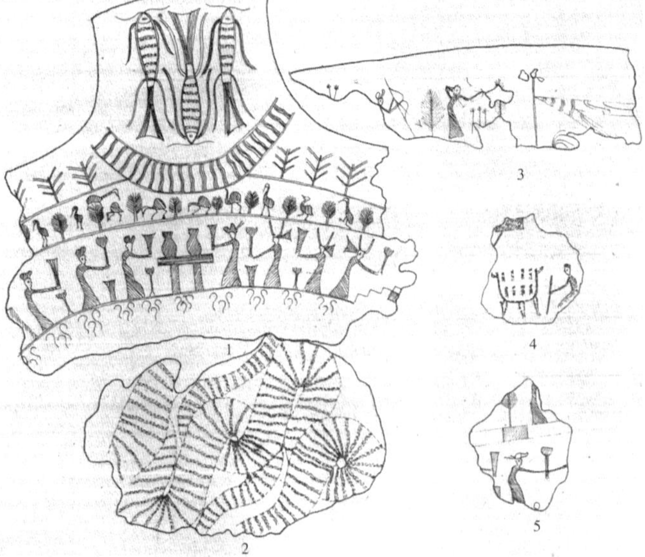

青铜刻纹匜纹饰摹本

青铜刻纹盘，通高5.3厘米，口径25厘米，薄胎，与匜同时出土。器内壁纹饰以两道横向双线分成三个层次：第一层为渔猎场面，可见者8人；第二层为宴饮歌舞场面，乐舞者15人，分上下两层；第三层为双线三角纹带。纹饰统一中富于变化，严谨和谐。

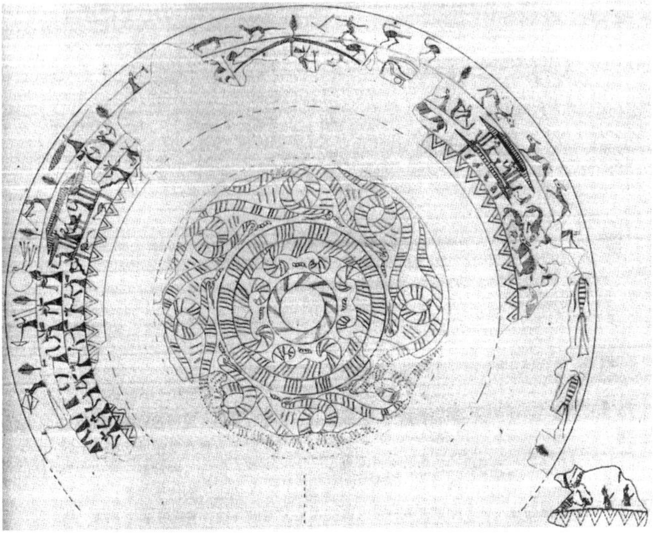

青铜刻纹盘纹饰摹本

这组盘匜上的画面构图充实而饱满，洋溢着鲜明的生活气息，真实地记录了当时贵族钟鸣鼎食的生活情景。

中国素以“礼仪之邦”著称，沃盥之礼，古已有载。甲骨文中“盥”的字形，直观地反映出古人洗手的样子——两只手在上方用水浇淋，下面放一个接水的器皿。浇水的东西，就是匜；接水的器皿，是盘、盆或洗。这几种盛水器的形状、大小各有区别，代表了不同的使用习惯和礼仪形式。《左传》载:“奉匜沃盥。”沃即浇水之意,盥为洗手洗脸,奉者,捧也。全句意为:捧着匜浇水盥洗。

因为沃盥之礼的存在,洗手在周朝成了一门技术活。洗不好,不但可能被人鄙视,还可能惹上大麻烦。《左传·僖公二十三年》记载:“秦伯纳女五人,怀嬴与焉。奉匜沃盥,既而挥之。怒,曰:‘秦晋,匹也,何以卑我?’公子惧,降服而囚。”意为:当年,秦穆公把5个女子送给流亡的重耳作姬妾,其中包括自己的女儿怀嬴。怀嬴原先嫁给了晋怀公,这次是改嫁给重耳。有一天,她帮重耳洗手,重耳洗完后随手甩了甩手上的水,弄到了怀嬴的身上。怀嬴认为重耳是鄙视自己,大怒。此时重耳正有求于秦穆公帮他夺回晋国政权,哪里敢得罪老丈人?只好连连赔罪,脱去衣服,把自己关起来,表示谢罪。

薄胎刻纹青铜器的器壁厚约1毫米,故出土时多有残损。

据现有考古实物,青铜器刻纹技术应萌芽于春秋晚期,盛行于战国早中期,直至三国晋代以后绝迹,前后流行了约800年。

零陆

凤鸟纹方座青铜簋

王孙贵胄的高等级『饭碗』

中国使用铜的历史悠远，青铜器作为其中最华丽的篇章，精品迭现。数量多、种类繁杂的青铜器，按用途大致可分为饪食器、酒器、水器、乐器、兵器、工具、农具、杂器等。其中，青铜簋形式多样，变化复杂，有圆体、方体，亦有上圆下方的造型。

簋，《说文》释曰："黍稷方器也。"意思是说簋是盛放黍、稷、稻、粱等饭食的器具，相当于现在盛饭的大碗。

青铜簋大多厚重又华丽，可见古时王孙贵胄的生活多么讲究。镇江博物馆收藏的凤鸟纹方座青铜簋，上圆下方，纹饰精美，铭文流畅，是一件难得的青铜礼器。

1982年，江苏丹徒大港母子墩西周墓出土的凤鸟纹方座青铜簋，敞口，方唇，束颈，双鸟耳，鼓腹，圈足，方座，通高24厘米，口径22.2厘米，腹深12厘米。其口沿下、圈足上皆饰以宽扁的窃曲纹，与器形的宽侈适应；腹部、方座皆以云纹衬底，再以回首曲尾的一对凤鸟纹饰为基本单位组成连续纹样，表现出生动的节奏美、规范的秩序感；其双耳为鹫鸟造型，下饰卷尾小珥。整件器物方圆结合，造型大方沉稳，主体突出，生动活泼，底纹变化对比强烈。

青铜器的历史价值最重要的体现方式之一——铭文，亦出现在这件器物之上。凤鸟纹方座簋的腹内底部刻有3行5字铭文："白（伯）乍（作）寶（宝）尊彝"，章法齐整，结构均衡，字形依笔画繁简略有错落，显得生动活泼。笔画圆润，起笔收笔皆藏锋，清劲秀美，不仅让我们知道了制作器物的人的名字，还部分还原了未知的历史。

凤鸟纹方座青铜簋铭文

商周时代距今已很遥远，由于历史的变迁，那个时代遗留下来的文献极少，只有《尚书》《诗经》和《春秋》等书。这仅有的一些书籍，经过历代传抄，已不是原来的面貌，因此要想根据这些资料对上古历史有比较真切的认识非常困难。这件刻有铭文的青铜簋，通体布满纹饰，方圆结合，主体部位为大凤鸟纹，犹如一幅优美的立体的图画，它以构思巧妙的形态、富丽精致的纹饰、颇具风格的铭文书体、鲜明的时代风格，展现了独有的魅力。

首都北京有条很出名的美食街，名叫簋街，此地原为夜市，当地人称之为鬼街，后嫌不雅遂改名簋街。这一更名，显得十分有文化。毕竟“簋”在古代就是用来装食物的，用来命名吃货一条街，再恰当不过。

零柒

青铜带流甗

三千年前的高科技蒸锅

火的使用，让人类文明向前迈进了一大步。从茹毛饮血到取火熟食，是人类区别于动物的一个特点。

随着金属冶炼技术的进步，青铜礼器大量涌现，其中不乏食具。青铜食具轻薄精巧，导热性能更好，无论是在装饰作用上，还是食物口感上，都有了质的飞跃，从烧烤到蒸煮则是烹饪技术的一次飞跃。据记载，在周朝时，人们对饮食的要求已经非常高了，各种烹饪方法也相应出现。

在历史的餐桌上，青铜食器曾经见证了一场场欢歌宴饮，也见证了一次次纷繁复杂的时代变更。中国人吃米饭吃了几千年，古人究竟是如何将生米做成熟饭的，镇江博物馆收藏的青铜带流甗可称得上是春秋时代的饪食器“活化石”。

青铜带流甗，1979年3月出土于江苏镇江丹徒谏壁粮山大队，春秋晚期器。通高58厘米，口径40.3厘米。青铜带流甗分为上下两部分，上为甑，下为三足釜。甑的口沿凸出可以承盖，两旁鼓出双耳，上扣两个吊链。釜为扁圆形，三足。在甑釜相接的内部有凸出的半圆形托，应为托箅之用，外部有一注水口。

专家推测青铜甗当为悬吊使用，理由如下：吊链必起悬吊作用，否则形同虚设；釜足过于矮小，若置于地上，离火太近，火力势必太弱，悬吊使用则可增强火力。

无论是置于地上，还是悬吊使用，笨重的青铜器都存在不易注水和倒水的问题。充满智慧的工匠追求青铜器实用性与装饰性的完美统一，周到地考虑了其实用性。与其吃力地搬动器物，不如设计注水孔，既可事先直接由器口注水，又可中途往孔中添水，还可直接通过倾斜使剩水从孔中流出，充分体现了制作者丰富的想象力和艺术创造力。

蒸，是利用水沸后产生的水蒸气为传热介质，使食物变熟的烹饪方法。不但达到了熟物的目的，而且蒸制之法极大限度地保留了原料的固有形态。甗其实就是现在蒸锅的原型，下部的釜用来盛水，烧水产生蒸汽。上部的甑上有箅，就是我们今天说的蒸屉。把米放在箅上，把水加到釜里，在下面架上柴火，就能烧水蒸饭了。中国是世界上最早懂得利用蒸汽、采用蒸的方法烹饪的国家，相较于其他烹饪方式，蒸的工艺更能保持食物的营养和原汁原味，这一烹饪技法几乎贯穿了整个中国农耕文明。

甗的器体有上下合体，亦有上下分体，从商代早期绵延至战国晚期，初期数量较少，商代晚期开始增多。在西周末春秋初，甗是绝大多数殉葬铜礼器墓的必有之器，它与鼎、簋、豆、壶、盘、盉组成一套随葬礼器。甗的使用一直延续到汉代，东汉之后逐渐消亡。

镇江地区青铜甗出土较少，同样器形仅见于南京六合程桥三号墓。青铜带流甗构造科学合理，工艺奇巧，妙夺天工，是春秋时期不可多得的文物精品。

青铜带流甗的釜底在出土时有很厚的烟炱痕迹，似乎能闻到阵阵米饭香从近3000年前的历史长河中氤氲而来。惜器盖和箅均未见踪影，器盖之失，无法推知原因，箅的消失可能因其是竹木制品，年代久远，腐烂无存……

零捌

青铜人面纹錞于

古老青铜乐器的余音绕梁

世界上其他地区的青铜文明主要是青铜兵器和工具，而中国古代的青铜器以礼器和乐器为主。

我国自古以来，礼与乐密不可分，“礼、乐相须以为用，礼非乐不行，乐非礼不举”。大约在公元前11世纪，西周王朝的统治者就建立了一套完整的礼乐制度，对后世产生了深远的影响。礼乐文明成为中华文明区别于世界上其他古老文明的一个重要标志，礼仪之邦的美德传承至今。

中国古代礼乐有“八音”，即金、石、丝、木、土、革、匏、竹。其中“金”就是指用青铜铸造的乐器。镇江博物馆收藏的春秋时期青铜人面纹錞于就是一组古代打击乐器，国家一级珍贵文物。

青铜人面纹錞于，1985年4月出土于江苏镇江谏壁王家山。春秋晚期器，造型奇特，一组三件，大小相递，器形纹饰相同。大者通高56.5厘米，口径24.5厘米；中者通高49.6厘米，口径22.3厘米；小者通高43厘米，口径20.8厘米。

器作圆弧顶，无盘，虎形钮，圆突肩，斜弧腹渐内收，近口处稍外侈，下口呈椭圆形。侧视錞于，总体上部向前倾斜，具有不等称的特征。正面腹间突出处饰一浅浮雕人面纹。下腹部与人面纹相对处有一方框，框内装饰四组变体云纹。以人面纹和方框为中线，两侧分列三排凸起的螺旋纹，间以三角螺旋纹，其下饰鸟纹和变体云纹。腹内设两个三角形矫音孔。

錞于最早是军队作战或田猎时的打击乐器，后逐渐演变为部落宴飨活动中的娱乐之器，出现于春秋，盛行于战国，没落于两汉时期。和久负盛名的编钟相比，錞于显得更加古朴。

关于錞于的奏法，历代记载纷纭。《周礼·地官·鼓人》中记载“以金錞和鼓”。云南晋宁石寨山古墓（约西汉时期）出土的铜贮贝器上，铸有大群滇人举行宗教仪式的场面，其中有两人合扛一木，下悬一錞于、一铜鼓，铜鼓侧悬，錞于则正吊于横木之上，旁有一人执锤并击之，生动地展示了演奏时的情景。

无独有偶，王家山附近大港北山顶墓中，亦发现大小有序的一组 3 枚虎钮錞于，且铜钲放于錞于之内，还有悬鼓环，印证了文献记载。同时还发现有 5 枚一组的编镈、7 枚一组的编钟和 12 枚一组的石磬。

大　　　　中　　　　小

青铜人面纹錞于

考古发掘证明，目前存于各地博物馆的镎于仅 150 余件，其中青铜制镎于 120 余件。

值得一提的是，其他地区出土的镎于多为单个，而王家山、北山顶等墓发现 3 个一组的镎于表明，吴地至少在春秋晚期已使用编镎于了。王家山出土的镎于还有矫音孔以校正音调，说明每个镎于音谐频率的不同。可以想象，古代的王公贵族大宴宾客时，既有主奏旋律，又有背景音乐，再加上清脆悦耳的音色和声，令人陶醉，耐人寻味。

历经沧桑的镎于，作为国家一级珍贵文物，再也无人敢去敲响。如今，它们静静地躺在博物馆的玻璃展柜内，在时光深处追忆着昔日的荣光，默想当年的“回声嘹亮”。

零玖

带环青铜簋

隐约间，似有铃声叮当

青铜簋的形态变化最多，一般为侈口，圆腹，圈足。商代的簋多无盖，无耳或有二耳。西周和春秋时期的簋常带盖，有二耳、四耳，这一时期还出现了圈足下加方座或附有三足的簋。镇江博物馆收藏的一件西周带环青铜簋，就属于不常见的簋的类型。

1976 年 12 月，江苏镇江丹阳司徒公社窖藏出土的西周带环青铜簋，通高 10.9 厘米，口径 18.7 厘米。侈口，卷唇，束颈，鼓腹，圈足，无耳，腹部为两道变形夔纹（类似中原地区窃曲纹的变体）和细小密集的乳丁纹相间排列，上下界以圈点纹。该器变形夔纹线条流畅、极富动感，圈点纹、乳丁纹则静谧规整，两者互为映衬、别具特色。值得注意的是，该器底却大有文章，圈足下的器底有一半圆形环，给这尊肃穆庄严的青铜簋平添了几分特殊感。专家推测，此环应为悬铃所用。

簋的底部装有铜铃的做法十分特殊，无独有偶，1981 年秋，陕西宝鸡纸坊头村发现一只双耳方座悬铃青铜簋，圆口外侈，敛颈，鼓腹较深，高圈足，四方座。圈足内有悬环，环上系有一枚铜铃。

据此推测，镇江博物馆的这件带环青铜簋底之环下应有悬铃。但不同的是，此青铜簋并非高圈足，若悬铃于环上则可能凸出于圈足之外，那么需将此簋置于某个座上才能保持平稳。

关于悬铃的功能，目前学界存在一定争议。依据现有资料可知，目前所知悬铃铜器，均为盛器，主要用于盛放酒水和食物，多出现在贵族阶层祭祀或宴饮场合。悬铃被放置于几案之上，移动频率相对较低。悬铃大多位于铜器下方底座内部，正常放置情况下，从外侧很难看到悬铃。底座下方悬铃活动自如，个别器物时至今日仍能发出悦耳铃声。

有专家认为，青铜礼器所悬铜铃应该是具有特定功能的装饰品，其功能可能与北方游牧民族车马器中的双球铃、单球铃、车铃、马铃，以及铃首刀、铃首剑、铃首杆头饰等相似。“丝路花雨，铃声悠扬”是后人对古代东西方陆上贸易通道的描述。茫茫沙漠中，传来悠扬的铃声，商人们迎着风沙艰难前行的情景，正是当时中西文化交流盛况的实证。

西周时期，随着征伐战争的进行及大规模的民族迁徙，悬铃铜器逐渐传播到中原及长江中下游地区。至春秋时期，随着民族融合的进一步发展，这种特殊的青铜礼器逐渐消失。据不完全统计，目前所知的考古发掘及传世收藏悬铃铜器共 27 件，由于数量较少，未能引起学术界的广泛关注。

在那些庄严肃穆的宗教祭祀仪式上，奉簋而上，悬铃发出清脆的声响，如同祖先神灵对人们祭祀活动的一种回应，亦似在警醒世人，增加了整个仪式的神秘感。

宝鸡的簋底悬铃究竟有何深刻含义？镇江的带环青铜簋究竟是不是为悬铃所用？尚需要更多的资料来论证、证实。

带环青铜簋（底部）

壹零

夔龙纹青铜鼎

明尊卑，别上下

鼎，居中国青铜礼器之首，在中国古代是国家和权力的象征，被古代统治者用来“明尊卑，别上下”。

青铜鼎最初只是一种烹饪食物的器皿，相当于现在的锅，用以炖煮和盛放肉类。在考古发掘出土的许多鼎中，底部和足部都有烟炱，说明底部受到过炭火的灼烧。

《周礼》是一部通过官制来表达治国方案的著作，所记礼的体系最为系统。《周礼》中严格规定了贵族饮宴列鼎的数量和鼎内的肉食种类，不同等级、不同地位的人所使用鼎的数量不同。随着这种等级、身份、地位标志的逐渐演化，鼎逐渐成为王权的象征、国家的重宝。

商、周时代常以青铜铸造的鼎作为祭祀的礼器，青铜器的铸造过程需要花费大量的人力与财力，通常只有统治阶级才有能力铸造。鼎在贵族的日常生活中不可或缺，也是贵族进行礼制活动时最重要的礼器。

镇江博物馆的精致藏品西周夔龙纹青铜鼎，通高26.5 厘米，口径 26.5 厘米，1976 年出土于江苏丹阳司徒公社砖瓦厂。这只西周夔龙纹青铜鼎为双立耳、半球形腹、蹄形足，其膝部为夔首，别具风韵。鼎上腹饰相向顾首夔纹一周，无角，无冠，兽目亦不明显。下腹饰一道粗线凸弦纹。该鼎蹄形足膝部以夔龙之额、鼻中线为脊，以各种短直线、短弧线、环状线等随意勾出兽面各部位，似具随意性，与中原鼎之兽膝似是而非，左右不尽对称，形制独特。

该器出土于吴国统治区域，在形制、纹饰上既具有中原风格，又呈现地方特色，当为吴国的仿中原器。

据考古出土物看，鼎的形状多样，大多圆腹、两耳、三足，也有方腹、两耳、四足，在新石器时代陶鼎的基础上发展而来。目前发现最早的青铜方格纹铜鼎，出土于夏代晚期的二里头遗址。

我们常用“一言九鼎”形容言语极有分量。传说大禹治水后，于夏朝初年划神州大地为九州，搜集天下青铜铸成九鼎，以一鼎象征一州，并将九鼎集中于夏王朝都城。

春秋时期，楚庄王讨伐陆浑（今河南栾川、嵩县、伊川三县境），一直打到洛水边王畿（周王室直辖地区）内，陈兵示威。周王派王孙满去慰劳楚军，楚庄王竟问鼎的大小轻重。这就是历史上“楚王问鼎”和成语“问鼎中原”的由来。

鼎历经各个朝代一直沿用至两汉乃至魏晋，是使用时间最长的青铜器，因而变化也很大。其形状因地因时而异，如商代前期多为圆腹尖足，商代后期多为圆腹柱足。而西周后期，扁足鼎和方鼎基本消失，鼎足呈蹄形。战国至汉代的鼎多为敛口（口沿向内收缩），大多有很短的蹄足，有盖，盖上多有钮或三小兽。

无论形式如何演变，器形沉雄厚实的鼎都是青铜器中最能代表至高无上权力的器物。所谓“钟鸣鼎食”，既呈现了家族人丁兴旺、仆役众多的庞大场面，亦标示了贵族高贵的身份。

在时代的发展过程中，鼎走上了历史的“神坛”，从一口主要用途是烹煮食物的锅，逐渐演变成为贵族的权力和等级的标志。其间不仅演绎出了历史的更迭，更记载了从生活到文化的演变。它是文明的见证，也是文化的载体。

大禹铸的“九鼎”象征天下社稷，夏朝、商朝、周朝三代更是将其奉为象征国家政权的传国之宝。其后，传承了两千多年，到了秦汉之间，九鼎却悄然不见踪影，其下落至今成谜。

壹壹

青铜蟠螭纹罍

吴国时代的大酒缸

中国酒文化历史悠久，源远流长。古人说“礼以酒成”，意思就是无酒不成礼。要喝酒就离不开盛酒的容器，因此，酒器同样是中国古代酒文化的重要组成部分。觚、觯、角、爵、杯、舟、罍等都是青铜酒器的主要种类。

我国各地喝酒的习俗多种多样，在皖北有一种叫“炸罍子”的饮酒习俗，将当地豪放的酒风表现得淋漓尽致。炸罍子最突出的两个特点是，一要听响，二要一饮而尽。好酒者称：酒场如战场，酒风见人品。饮酒到一定高潮时，两人或者多人，放弃小酒盅，直接捧起盛满酒的大酒杯，相互碰撞一下然后喝尽，否则就不能称为“炸罍子”。

然而，这盛行的“炸罍子”，却很少有人知晓“罍”是哪个字，更不了解“炸罍子”的真正内涵和寓意。

“炸罍子”的真正含义是什么？不妨先看看“罍”字的字形——三个“田”字摞在一个“缶”字上。“三”有大、多之意，“缶”是中国古代一种大肚小口的瓦制器皿，也是一种古代瓦质的打击乐器。“罍”便可解释作“用很多田地所生产的谷物酿造出的酒，装在缶这个器皿里”。用这样一个巨大的盛酒器皿去招待客人，体现了中华儿女热情好客、待人诚实的朴素本色。

“炸罍子”之所以一定要听个“响”，是为了使主人与客人手中罍子里的酒能够通过撞击，酒花溅起，酒水交融，感情的交流在饮酒时得到升华。当然，“炸罍子”一定要适度适量，若“炸”得酩酊大醉，既易失形象又易损伤身体，那就失去了“炸罍子”风俗的本义了。

“罍”，也作櫑、鐳，是古代的一种大型盛酒器和礼器。《诗经》中经常提到罍，在《诗经·周南·卷耳》中有这样的记载：“我姑酌彼金罍，维以不永怀。”罍诞生于商代晚期，流行于西周至春秋中期，到战国时期已较少见。青铜罍在历史上流行时间较短，多数为长体，有领，带圈足，可分为方腹、圆腹两大类。方形罍出现在商代晚期，圆形在商代和周代都有。

镇江博物馆收藏了一件青铜蟠螭纹罍，春秋时期器，通高39.5厘米，口径30.5厘米，1979年出土于江苏丹徒谏壁粮山。该器器折平沿，短颈，鼓腹，平底下承三短蹄足，肩部为一对顾首兽形双耳下套葫芦形环；肩及近底饰三角雷纹，腹部被交织套结成网格状的络绳纹分成数个小区，各小区内填满纤细的蟠螭纹，纹饰个体简化，仅剩螭的首尾，状如密集的羽翅。

该器器形较大，形若一只大酒缸，器上所施的络绳纹饰和羽翅状蟠螭纹盛行于春秋晚期至战国早期的长江中下游地区。平底下接三短蹄足，此为吴越地区几何印纹硬陶、原始瓷及青铜盘、鉴类器所常见。这件青铜罍是一件不可多得的吴国青铜器佳作。

西汉时期，罍已成为王公贵胄竞相争夺的藏品。相传汉文帝之子梁孝王刘武喜爱收藏古董，被其视为至宝的就是一只青铜罍。他临死前不忘留下遗嘱："善保罍樽，无得以与人。"刘武的孙子刘襄后来继位，即梁平王，他的王后姓任，骄横跋扈，贪得无厌，她开口向刘襄索要此罍。刘襄宠溺王后，不顾祖训和祖母反对，强行将罍取出送给她。

此事被人告发朝廷，汉武帝认为梁王与祖母争罍，极为不孝，理应惩处，下令削去梁国8座城池，并将祸端任王后斩首于市。此事史称"梁王争罍"，青铜罍的珍贵由此可见一斑。

壹贰

带盖提梁青铜盉

一壶清水敬先人

在中国漫长的文化历史长河中，酒是一种文化元素和符号。然而，在礼乐制度严格的时代，酒却是不能乱喝的。

酒能怡情，亦能误事。传说商纣王以酒为池，以肉为林，通宵达旦寻欢作乐。周武王灭商后，吸取前朝历史教训，规定除祭祀场合外，严禁百姓随意饮酒，违者处死。

周公旦颁布了中国最早的禁酒令《酒诰》，详细说明了造酒并非为了给人们享用，而是用来祭祀天地神明和祖先。只有祭祀这样重大的场合，酒才可以拿出来用。

青铜盉盛行于商晚期和西周，流行到春秋战国。盉的形状较多，一般是圆口，深腹，有盖，前有流，后有鋬，下有三足或四足，盖和鋬之间有链连接。

镇江博物馆收藏的春秋带盖提梁青铜盉，1985 年出土于镇江丹徒谏壁王家山春秋墓。通高 29 厘米，口径 11.8 厘米。直口，鼓腹，圜底，三蹄足，上腹一侧设兽首状流，对侧设镂空螭状鋬。提梁梁体呈八棱形，上铸凸起的夔首、扉棱、夔尾。盉盖上有鸟状纽。提梁每一棱面均饰 S 纹带，夔首饰凸点纹。盖饰双勾 S 纹带，上下两区饰三角卷云纹带。流部饰云雷纹和蟠虺纹。腹上突起三道绹索纹，间饰双勾 S 纹和三角卷云纹带。足跟芯部饰以蟠虺组成的兽面纹。

该器造型古朴典雅，纹饰精致细密，构造复杂，专家推测为分模制范、浇铸成型的成果，工艺复杂，不可多得。

春秋晚期，随着王权衰落，礼崩乐坏，青铜礼器中逐渐透出一些令人轻松的气息，旧有的神秘、庄重与沉闷渐渐隐去，而新的有创意的造型和纹饰，一步步走向生活，盉在此时的形式变化也较大。带盖提梁青铜盉在器形、纹饰风格上与夫差盉、蔡侯墓镳盉等表现出极为相近的特征，反映了春秋晚期吴国与各国间文化的交融与传播，堪称春秋晚期青铜器中的上乘之作。

青铜盉最初是酒器，专门用来盛放玄酒，或说是古人调和酒、水的器具，用以调和酒的浓淡。周代贵族举行与饮酒有关的礼仪活动时，常在酒尊旁边摆一壶清水——“玄酒”。“玄酒”是史书记载最早的酒的名称。在酒没有出现之前，祭祀用水，古人以水色为黑，谓之“玄”，以酒为名，故称之为玄酒。郑玄在《礼记·乡饮酒义》“尊有玄酒，教民不忘本也”条下注：“太古无酒，用水而已。”所以，玄酒是水不是酒，也不供人直接饮用，但它在礼仪中比酒更受尊崇。行礼者摆列盛酒的酒尊和盛玄酒的“玄尊”时，总是将后者放在更重要、更尊显的位置。意思是让大家不要忘本。

1916 年，王国维发表题为“说盉”的短文，提出完全不同的另一种解释。他认为，参加饮酒礼的人，酒量有大有小，玄酒专供酒量小的人使用——那些容易喝醉的饮酒者可以用这壶清水来掺兑稀释酒汁，这样就不至于为酒所困、不能终礼。他强调，用玄酒掺酒体现了制礼者考虑问题的周密和富于人情味："夫人之量有能饮不能饮，圣人必欲礼之成，又不愿人之苦于礼，故常设玄酒以节之，既不迫人，又不废礼，其用心可谓周慎之至矣。"

不少专家认为王说实难成立，因商周时的酿造酒，酒精含量很低，一般人喝上几升薄酒恐也无妨，实无必要再加水稀释。

壹叁

青铜鸟盖变形兽纹壶

醉里乾坤大，壶中日月长

从传说中夏禹时期的仪狄发明酿酒算起，中国拥有酒文化的历史将近五千年。有酒的五千年，是我国文化长河里一道独特的风景。

“醉里乾坤大，壶中日月长。”壶作为盛酒器或盛水器，是重要的器物门类之一，曾经深深地介入人们的生活。《仪礼·聘礼》云：“八壶设于西序。注：‘酒尊也。’”《周礼·挈壶氏》云：“掌挈壶以令军井。注：‘盛水器也’。”这些记载都清楚地说明了壶在青铜礼器组合中的用途。

青铜壶在历史上使用的时间，自商至汉代或更晚，尤其盛行于西周晚期，时间跨度长，形式相当复杂。青铜壶的形制有方壶、圆壶、扁壶和瓠壶等几大类。古代酒的品种多，壶的器形也因此各有不同。青铜壶一般都有盖，两侧有系，有庞大的腹部和长颈。

收藏于镇江博物馆的青铜鸟盖变形兽纹壶，被学者定为西周早期器，为国家一级文物。1982 年 9 月出土于丹徒大港母子墩西周墓。通高 49 厘米，口径 20×13.8 厘米，腹深 34 厘米。直口、斜颈，颈部两侧饰一对半环形耳。腹微鼓，圈足，直裙。壶体呈椭圆形，壶体横截面为圆角长方形。鸥鸟形盖，鸥鸟仰首、展翅、翘尾、跃跃欲飞，同时具有使用功能，拿取方便。

壶正面纹饰被多枚绊带纹和圈点纹带划为 4 个梯形块区，各区内饰云纹形变形兽面纹，花纹形态各不相同，

壹肆

青铜棘刺纹尊

吴地青铜匠师的独特创新

镇江曾地处西周至春秋时期吴国的中心地带，其辖地出土的青铜器堪称吴越地区青铜文化的典型代表。

吴国青铜器一方面在形制、纹饰及合金、铸造上汲取了中原青铜器的工艺和某些特征，又给以简化变体，有别于北方青铜器的雄浑凝重，典型的如兽面纹、鸟纹、夔纹、垂鳞纹等；另一方面，匠师们不断创新，创作出了具有江南特色的纹饰形式，典型的如常见的各种几何形纹和棘刺纹等，体现了自然主义的表现手法，是吴地的独特创新。

棘是鼠李科的一种落叶灌木，枝条多荆，民间常用它作围篱。最早囚拘奴隶以棘丛围绕，“丛棘”便因此成为囚拘之所的代名词。在科举时代，为了防止考场上传递作弊，围墙上满插棘枝，故考场又称“棘院”或“棘围”。镇江博物馆收藏的两件西周青铜棘刺纹尊，就是以棘刺作为装饰纹饰的青铜器。

江南青铜器较多出自窖藏，1976 年 12 月，江苏镇江丹阳司徒公社发现一处青铜器窖藏，其中有两件棘刺纹尊。一件通高 27.8 厘米，口径 29.3 厘米；另一件通高 23.2 厘米，口径 24.9 厘米。西周时期器。皆侈口，扁鼓腹，高圈足，有直裙，颈、足饰密集的锯齿纹、几何纹，腹饰带有纤细而密集的棘刺纹，颈腹足间界以圈点纹，整器浑然一体。

三段式扁鼓腹棘刺纹尊呈现出浓厚的地方特色，

引起业内人士的广泛关注。相似的棘刺纹尊器形在上海松江、黄山屯溪、常州淹城等地均有发现，锯齿纹亦见于浙江绍兴306号战国墓；密集的棘刺纹等饰纹特色在广西恭城地区的器物上也有发现。这类器物既结合了中原商代铜尊的器形特征，又融和了吴越等南方百越地区的纹饰风格，迥异于中原商周青铜器。除此之外，研究者的目光多被器物的棘刺纹饰吸引，他们想知道这种芒刺样的纹饰究竟是如何铸造而成的。

古代青铜器大都用陶范（铸造青铜器的陶质模型）法铸造，这是整个青铜时代主流的铸造工艺。陶范一般由外范和内范组成，范上雕镂有纹饰或铭文，内外范之间容受铜液。学者们普遍认为，棘刺纹饰的制作方法十分复杂，大概是以陶范作纹，手工刻就。由于是徒手刻画，致使纹饰单元排列并非整齐划一。在底纹刻就后，再于各个纹饰单元上以针刺范，做出棘刺的型腔。刺范时范的干湿度非常重要，若范太干，无法刺入；若范太湿，刺入后泥范变形则会毁掉棘刺的型腔。总之，棘刺纹青铜器在凝固后如何脱范属于高难度技术操作。毫无疑问，吴国的铸造匠师成功地解决了这一难题。

尊初作器的共名，铜器铭文中常将“尊彝”二字联用，宋代才将尊作为盛酒器的专名。尊在中原地区盛行于商和西周，春秋战国时少见。地处江南的吴国境内情况则有所不同，当西周晚期尊类器在中原大地上渐渐退出舞台时，吴地尊的形制不断演变，展现出别样的风姿。具体表现在器形增大，腹部更加扁鼓、膨出，饰纹更为繁缛，如勾连纹、棘刺纹等，沿用至春秋晚期。

镇江博物馆收藏的这两件青铜棘刺纹尊以图案质朴、洗练、疏朗、畅达而富于韵律感和节奏美。外观精致却不轻薄，纹饰秀丽纤细却不繁褥，一改中原青铜器浑厚凝重、端庄神秘的面貌，颇具吴文化地域的审美风格，彰显了吴国匠师的聪敏与智慧。

壹伍

青铜带盖提梁卣

美酒飘香几千年

“兰陵美酒郁金香，玉碗盛来琥珀光。”众所周知，郁金香是荷兰国花，而诗人李白笔下的“郁金香”却并非今日的荷兰国花。中国古代文献中记载的郁金，又叫郁金草，是中药材，属于姜科植物，气味芳香，味辛辣。郁金和黑黍酿造而成的酒叫鬯酒，又名郁鬯酒，酒味芬芳浓郁，是周王朝重要祭祀宴饮时的用酒，也是中国最早的香草酒。周朝有专门酿鬯酒的坊工及管理者，称“鬯人”。鬯酒有专门的酿酒工艺，史书记载，“筑煮合而郁之曰鬯”。

由于特殊的原料、工艺和用途，鬯在商代即已区别于酒、酪、醴、醪等。在目前可知的甲骨文中，“鬯”出现的次数不下50次，多为王公贵族的典礼祭祀所用。

卣，古代盛酒器，是专门盛放鬯酒的酒器。古文献和青铜器铭文常有记载。如《尚书·洛诰》记载，“以秬鬯二卣”。《诗经·大雅·旱麓》中载，“釐尔圭瓒，秬鬯一卣”。国宝宜侯夨簋上的铭文中也有“赐鬯一卣、商瓒一口，彤弓一，彤矢百，旅弓十，旅矢千”的记载。秬，最初本意指黑色的黍，古人称秬草为“嘉谷”，象征祥瑞，后秬成为五谷的总称。青铜卣主要盛行于商和西周，卣的器形基本是椭圆口，深腹，圈足，有盖和提梁；腹或圆或椭或方，也有作圆筒形，作鸱鸮，或作虎吃人形等。一般说，商卣多为椭圆形或方形，多装饰兽面纹、夔纹。西周卣承商代形制而有所变化，多圆形，最有特色的是有提梁的鸟兽形卣。作为盛酒器中重要的一类，青铜卣在考古中发现的数量较多。

镇江博物馆珍藏的一件青铜带盖提梁卣，1982年9月出土于镇江丹徒大港母子墩西周墓，堪称卣类器的代表之作。青铜带盖提梁卣带梁通高34.5厘米，口径17.7×13.5厘米。卣横截面为椭圆形，有盖，腹倾垂，圈足有直裙。盖面斜直，盖钮为一小立鸟。扁提梁，两端有牛头形兽首。器颈部及盖顶面均饰以平行细绳纹相间的小圈点纹带，圈足饰斜三角云纹，提梁饰两行圈点纹。

该器的造型和纹饰特征均接近于中原西周早期器，但斜直的盖面、小立鸟的盖钮、以圈点纹作主纹的施饰风格则具有典型的吴国青铜器特征。小立鸟盖钮亦常见于吴地原始青瓷器具之上，起到画龙点睛的作用，富有勃勃生机。

酒作为当时贵族的专享，成为封赏的物品之一，而盛装美酒的器具——卣则同样成为荣誉的象征。

可以确定，卣是专用以盛放鬯酒致祭的器物。但在古籍中卣是何种器形，却从未有过具体明确的记载。《周礼·春官·鬯人》载："庙用脩"，脩读为卣，郑玄注："中尊，谓献象之属。"或许我们可以这样理解，卣是器名，为牺象之属，为中尊，并不确指一种独特的器形。由此可见，汉儒对于古代卣的形象已所知无多，因而也无法说得更具体。现所称的卣，其定名始自宋人，沿用至今。

1979 年 4 月，从河南信阳地区的罗山县蟒（莽）张后李商代墓葬中，发现一件密封的青铜提梁卣，令人惊叹的是，卣中竟然封存了 1 公斤左右的液体，这是我国目前现存年代最早的酒——3000 多年前的“鬯酒”。

壹陆

嘉禾六年铭铜弩机

远射程兵器的代表

兵器的先进与否，往往关系着一个国家的强盛与衰落。

兵器，是军事斗争中包含有各种杀伤力、破坏力的器械装置，是军队必不可少的装备。中国古代曾大量铸造兵器，虽然历经战争的消耗，但在遗存的文物中，兵器仍然是一个大类。

冷兵器时代的兵器，按用途可分为两大类：一类为攻击型兵器，这类兵器又可分为长兵器、短兵器和远射程兵器，如戈、矛、殳、斧、钺、戟、戚、剑、匕首、弩、矢镞等；一类为防御型兵器，如甲胄、盾等。

弩，是用机括发箭的弓，是杀伤力较强的远射程武器。弩机是木弩的铜质机件，装置于弩的后部。从近年来考古发掘出土文物的情形来看，弩最早出现于春秋晚期的楚国地区。河北、河南、四川等地的战国墓中也有出土。与弓相比，弩的射程远，杀伤力强，命中率高，克服了拉弓时体力受限制而不能持久的弱点。在冷兵器时代，弩是一项重要发明，等同于“步枪”。

收藏于镇江博物馆的三国东吴嘉禾六年铭铜弩机，望山高 8.7 厘米，郭长 17.8 厘米，1965 年 5 月出土于江苏丹徒后小辛村东晋元康元年砖室墓。该弩机望山高大，长方形郭，梯形悬刀。悬刀一侧刻“嘉禾六年十月匠陈太臂□生□，直一万，司马王隋平”字样。嘉禾六年为公元 237 年。“臂□”即弩的匠师，“生□”

为匠师的名字，“直一万”是指弩的价值，“司马王隋平”则是监造者或弩机主人的职务和姓名。

三国时期的铭文弩机出土很少，此弩机的发现弥足珍贵，是研究东吴兵器史的重要实物资料。

在古代战争中，弩不仅在步骑兵作战时有较强的杀伤力，在攻坚战、城防战中也有着其他兵器无法替代的威力。到了汉代，弩的扳机外面普遍装有铜郭，这样弩机能够承受更大的力，从而使弩的威力更强，射程更远。

弩通常与强弓配合使用，计算弩的强度单位称石。从机身的铭文和汉简及古籍记载中可知，弓力有数种，最多使用的是六石，射程约合今 260 米。为了提高弩机的命中率，一些弩还加高了望山并加上刻度，用于瞄准，类似于现代步枪上的标尺。

强弩一直是我国历史上中原帝国的重要远程利器，尤其是面对游牧民族骑兵时。西汉名将李广与匈奴作战时，在众寡悬殊的情况下，李广就是用最高射程可达 400 米左右的大黄弩连续射杀对方将领而扭转战局的。匈奴骑兵善骑射，可他们能在 60 米之内准确地射中目标已属不易，有效射程不会超过 100 米，与汉军强弩相比，高下立现。

天汉二年（前 99），李广之孙、名将李陵奉汉武帝之命出征匈奴，率 5000 步兵与 8 万匈奴兵对战于浚稽山。8万匈奴骑兵围攻了10多天都没能把李陵击败，一直到李陵所率部队箭支消耗殆尽，才觅得机会。匈奴骑兵所惧的、李陵的汉军所倚仗的正是远程利器强弩。

弩在中国兵器史上写下了浓墨重彩的一笔，宋代以后，火药逐渐应用于兵器上，出现了火器，强弩逐渐消失于战争的舞台。嘉禾六年铭铜弩机虽然如今周身布满铜锈，我们仿佛仍能感受到它凌厉的杀气。

出人意料的是，弩在现代反恐行动中再次履行使命，发挥了不可替代的作用。2008年，在北京奥运安保中，反恐突击队员使用的强力弩弓，可穿透15厘米厚的树木，主要用于隐蔽突击作战、解救人质，是极为有效的攻击性武器。传统的弩，穿越历史长河成为奥运安保中的秘密武器之一，书写出了新的传奇。

弩机铭文

壹柒

六朝青瓷堆塑罐

事死如事生

六朝时期，我国的青瓷工艺已达到完全成熟的阶段，其造型、釉色和装饰工艺等都具有很高的审美情趣，堪称实用与观赏结合，技术与艺术交融。

青瓷逐步代替漆器、铜器、陶器制品，除了生活实用器外，还渗入生活的其他方面。不仅各地遍布瓷窑遗址，而且青瓷成为墓葬中最为常见的随葬品。

堆塑罐，又称谷仓、魂瓶，是长江中下游地区三国两晋时期墓葬中的一种特有的随葬器物。对于其性质和用途有两种不同的看法：一种认为是魂瓶，为灵魂安息之所；一种认为是谷仓罐，内装粮食给死者食用，同时也是一种财富的象征，两种说法尚未有最后定论。

堆塑罐形制导源于汉代的五联罐，整个器物的造型类似现实生活的微缩景观。镇江博物馆收藏的两件青瓷堆塑罐器物形态虽然不同，却同样构思巧妙、工艺精湛，充分展示了东吴时期青瓷制作的高超水平。

青瓷楼台百戏堆塑罐，高 48 厘米，腹径 24.5 厘米，底径 15 厘米，1973 年出土于江苏金坛县白塔公社储王庄吴天玺元年（276）墓中，是浙江越窑东吴晚期的产品。整体造型为一大罐，集捏塑、模印、堆贴于一身。上塑九层庑殿式楼台，由盖、体两部分组成。下部是一盘口鼓腹大罐，鼓腹上堆塑虎、狮子、羊、人骑异兽、蜥蜴。盘口中心为三层庑殿式楼台，底层四角前有四阙。楼台左侧庑廊下堆塑舞乐杂技人物俑，或倒立，或弹琴，或耍球等。二层楼台四角塑四小罐。第三层楼台为罐口，楼台四角塑有手捧寿桃的猴。上部为罐盖，塑六层楼台（即整个罐的第四至九层）。第四至八层四角均各有四阙，第五层四面门前均塑有长条形观廊，第九层为庑殿式屋顶。

楼台百戏堆塑罐受道教影响颇多，表现了当时江南士族、官僚对富贵享乐的向往和对长生不老的追求，生动地反映了当时的社会风貌和文化习俗。整件器物层层相叠，建筑雄伟，是研究我国古代建筑的重要资料。

青瓷飞鸟百戏堆塑罐，通高 47.5 厘米，口径 8.8 厘米，腹径 28.5 厘米，1973 年出土于金坛县唐王公社三国吴墓。整体造型为在盘口鼓腹大罐上叠置一座三层庑殿式楼阁并附双阙，顶部罐口云集引颈展翅的群鸟及四小罐，楼阁周围塑有舞乐杂技俑、走兽等。

青瓷飞鸟百戏堆塑罐

罐腹部纹饰分三层，上层捏塑猴、飞鼠；中层模印仙人、天禄；下层捏塑蜥蜴、乌龟等。

胎浅灰色，全器施釉，釉色青中泛黄。在这不到50厘米高的罐上塑楼台、飞鸟、走兽、人物，集捏塑、模印、堆贴于一身，可见技艺高绝。

飞鸟百戏堆塑罐腹部中层的模印人物具有佛教人物穿通肩衣服、有头光的特征，专家认为，此器在制作时受到佛教、道教文化的双重影响，是以神仙为样板接受佛教文化影响的产物。因此飞鸟百戏堆塑罐被学者划入了既有佛教特点又有道教特点文物的行列，成为仙佛模式的代表之作。

汉代盛行鬼神崇拜，追求长生不老，人们相信生命逝去后，在阴间也依然可以如阳间一样生活，对待死者应该“事死如事生”。东吴孙权崇信神仙，结交方士，寻求长生成仙之道，并在建业造兴国观、茅山造景阳观，共造观39所，度道士800余人。西晋时期，社会上的崇道之风更甚，世族大家们纷纷从神仙方术中寻求精神寄托。

天上与人间相连，现实与神话融通，堆塑罐上的题材无疑与当时人们的信仰有着千丝万缕的联系。

壹捌

永元十三年黑釉瓷小罐

目前所见最早的黑釉瓷纪年标型器

鸟是人类的朋友，早在远古时期，人们就开始对鸟禽进行猎捕和驯养，并逐渐由猎捕驯养发展为驯养观赏。

我国驯养鸟禽的历史最远可追溯到上古时期。据史籍记载，早在远古的黄帝时期，人们已能根据四时节令变化播种和驯化鸟兽。司马迁在《史记·五帝本纪》就有记载："时播百谷草木，淳化鸟兽虫蛾。"淳化即驯化，鸟禽要达到驯化的程度，需要长期的喂养才有可能。

老北京流传着这样一句话："贝勒爷手里有三宝，扳指、核桃、笼中鸟。"养鸟离不开鸟笼，而鸟食罐是鸟笼里不可或缺的标配之一。漂亮的鸟食罐既能为鸟笼增色，又是养鸟人炫耀的资本。因此，小巧玲珑的鸟食罐也成为我国瓷器发展中一个独特的门类。

镇江博物馆收藏有一件黑釉瓷小罐，1973 年出土于镇江丹阳大泊公社瓜渚大队东汉永元十三年（101）墓中，此墓中因出土的一件铭文银错金铜带钩"永元十三年五月丙午日钩"，为断代提供了依据。黑釉瓷小罐高 3.7 厘米，口径 3.5 厘米，底径 2.2 厘米。圆唇，直颈，鼓腹，腹下内收，平底。胎紫褐色，全器施釉，底部无釉，釉层丰厚，釉面滋润，色黑如漆。值得注意的是小罐颈部饰有两个对称穿孔，可系绳以挂，应为鸟食罐。

黑釉瓷是传统瓷器釉色之一，在青瓷的基础上发展而来，出现时间约在东汉中晚期。黑釉瓷通常以氧化铁为呈色剂，由于当时烧造的釉色为深褐绿色乃至黑色，釉层薄厚不均，常有蜡泪痕，并会在器表的底凹处聚集很厚的釉层，所以早期黑釉瓷器的成功之作并不多。

黑瓷的成熟期应在两晋时期，在浙江杭州北面的德清窑，出土过成熟的黑瓷，其胎呈红、紫或褐色，釉层厚实莹润如玉，且色泽黑亮如漆，闪闪发亮。黑釉瓷在中国陶瓷史上往往被人遗忘，很少受到人们的青睐，但黑釉瓷在中国的瓷器历史长河中独具风韵，是绝对不可绕过的美丽风景。

古人养鸟用于观赏娱乐明确见于记载的是商朝晚期和西周时期。商纣王穷奢至极，肆意挥霍。据史籍记载，他曾在沙丘，也就是今天的河北建造了一个很大的皇家园林，用于驯养许多鸟兽以供享乐。继商以后的周朝以农业为本，周王室设立专门饲养管理珍禽鸟兽的管理场所，称为灵囿。

《晏子春秋》中有晏子谏杀烛邹的典故。说的是齐景公喜欢玩鸟，命令大夫烛邹负责养鸟，烛邹不慎让景公的鸟飞走了。景公大怒，下令处死烛邹。于是，晏子就在一旁开始数落烛邹："你有三大罪你知道吗？你为主公管鸟却让它逃走，这是第一条罪行；主公为了鸟而杀人，这是第二条罪行；这事传出去还会让诸侯认为我国国君重小鸟而轻士人，败坏主公的名誉，这是第三条罪行。”三大罪状列举结束后，他请景公杀死烛邹，景公在旁边尴尬地摇摇手说：“算了，我知道错了。”典故流传至今，侧面反映了春秋之际驯养鸟兽的情况。

唐代李商隐的《义山杂纂》中载：“至汉而养鹦鹉者纷纷矣。”可见汉代养鸟之风亦十分盛行。永元十三年黑釉瓷小罐，成为汉代养鸟之风的佐证。

别看黑釉瓷小罐形体较小，看上去好像不起眼，它却有着无可取代的价值。在陶瓷鉴定专家冯先铭先生主编的《中国陶瓷》一书中，它被认定为我国目前发现最早的、有纪年可考的黑釉瓷器，在黑瓷的现有发现谱系中是一件不得不提的代表作品。

壹玖

上虞窑青瓷扁壶

得来全不费工夫的名匠之作

瓷器的发明是中华民族对世界文明的伟大贡献，在英文中，“瓷器”与“中国”同为一词 China。

早在 3000 多年以前的商代，甚或更早的时候，一种被称为原始青瓷的物品就出现了。这种被普遍认为是瓷器前身的原始青瓷烧成以后，又经过漫长的时间，大约在公元 1 世纪，慢慢形成了成熟的瓷器，就此掀开了中华文明璀璨的一页。

此后，直到公元 12 世纪的宋代，世界上没有任何一个国家能够烧造瓷器。12 世纪开始，中国瓷器烧造技法首先传到朝鲜半岛，这是国外第一次能够烧造正式的瓷器。17 世纪，瓷器烧造技法传到欧洲，西方才开启了正式制瓷的历史。

1974 年，在浙江上虞的小仙坛窑址中出土了东汉中晚期烧制的青釉器物，被学界公认为最早的成熟瓷器。

三国东吴时期，在青瓷的发源地上虞涌现了一大批制瓷名匠如袁宜、范休可等，他们制作的瓷器在六朝建都的南京，以及附近县市大量出土。

镇江博物馆收藏的上虞窑青瓷扁壶，1970 年出土于江苏金坛县白塔公社惠群大队东吴墓。该壶高 23.2 厘米，口径 6.3 厘米，腹宽 21 厘米，足径 13.5 × 9.6 厘米。造型继承了汉代扁壶风格，直颈，小平口，扁圆腹，圈足扁圆外侈，肩部塑造两只飞鼠形系。胎浅灰色，全器施釉。

青瓷扁壶一面腹部上方刻划一装饰图案，下方刻写“紫是会稽上虞范休可作坤者也”13字。另一面腹部上方刻划一装饰图案，下方刻写“紫是鱼浦七也”6字。

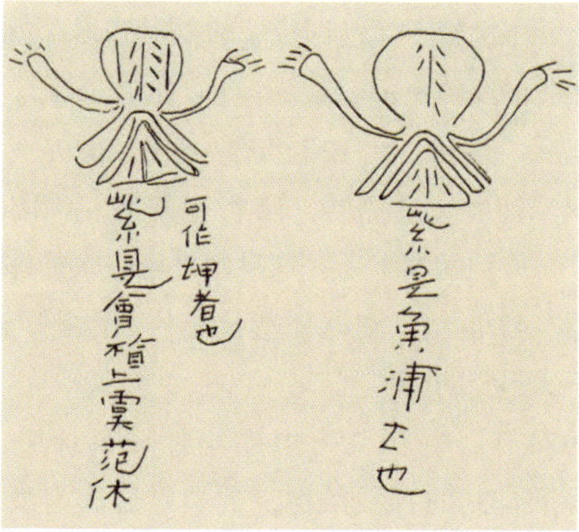

青釉瓷扁壶铭文

别小看壶上十数个字,却包含着极为丰富的信息量。据考证，“紫是”即“此是”，在浙江方言中“此”音读“紫”。“会稽上虞”是地名，现为浙江省上虞县，意指浙江上虞窑。“范休可作坤者也”意即作坤的人叫范休可。范休可为工匠名。“紫是鱼浦七也”即“此是鱼浦土也”。“鱼浦”是上虞县境内的湖名，叫鱼浦湖。

有关专家对扁壶进行了持续考证，扁壶腹部上的“坤”，即为此器在当时的名称。无独有偶，江西九江出土的铜质器及湖北江陵纪南城出土的漆器，均有自铭“坤”“钾”或“柙”，只是根据质地的不同，偏旁从“土”“金”或“木”。另据江陵凤凰山10号汉墓出土的第6号牍上记有“酒柙二斗一”等字，可知其时是盛酒之器。宋以后，依其形而名之，改称扁壶。

扁壶是古代陶瓷器中一种特殊器形，多设系以穿绳携行。该壶的系耳，别出心裁做成鼠形，双鼠弓背伏行，嘴吻触地，似在嗅探壶内美酒香气，形神俱佳。

镇江博物馆收藏的这件青瓷扁壶颇具传奇色彩。据镇江博物馆的老同志回忆，该壶在20世纪70年代由当时镇江博物馆的工作人员宋婕偶然获得。因年代久远，当事人调离，如今已难以还原事情真相。相传，宋婕在市内某酱园打酱油，看到一市民手执此壶，虽酱迹斑斑，却难掩其瑜，凭着一双慧眼，她断定此壶来历不凡，遂上前打听。对方看她感兴趣，把壶交给她细细观看。根据自己与文物多年打交道的经验，宋婕初步判断这是一件早期青瓷。随后，她以自己手中的一把塑料壶与对方成功交换。

该壶具体出土地点、发现时间均根据当时交换之人口述所得。所谓得来全不费工夫，殊不知，彼时塑料壶昂贵，文物并不像今天这样可以引起广泛关注。这件既自铭产地、窑口，又有名匠加持的作品，实是一件不可多得的上虞窑珍品。

贰零

永明五年刘府君墓志

还原历史小人物的一生

墓志，指存放在墓里的刻有死者生平事迹的石刻，亦指墓志上的文字。墓志始于曹魏，大行于南北朝，隋唐五代时期出现第一个发展高峰，宋元以后，墓志数量锐减。近代以来，西式葬法逐渐推行，碑墓合一之制日盛，墓志之作渐衰。

从某种意义上说，墓志相当于人一生的简历，不同的是：简历面向活着的人生，墓志面向人世的终止，是人生的最终定位。

我们通常所说的墓志铭是中国古代的一种悼念性文体，一般由志和铭两部分组成。志多用散文撰写，叙述死者的姓名、籍贯、生平事略；铭则用韵文概括全篇，赞扬死者的功业成就，表示悼念和安慰。埋葬死者时，刻在石上，埋于坟前。但也存在只有志或只有铭的。

名人的墓志铭，往往被世人看成是他们在这个世界上的谢幕之作。有的描述一生成就及其对人类的巨大贡献和影响力；有的寥寥数字，却蕴藏着丰富的哲理；有的则是灵魂的自省。个性各异的墓志铭，呈现的是千姿百态的人生状态，颇值得玩味。

在唐代，给人书写墓志或撰写碑文可得到一笔润笔费。据传，散文大家柳宗元擅写墓志，在其文集中，共收有70多篇墓志铭。而现代名人中，沈从文的墓志可能是被关注最多的。长眠于湘西凤凰城的沈从文，墓碑正面刻着他的遗作《抽象的抒情》中的一句话：“照我思索，能理解我；照我思索，可认识人。”墓身后面刻着张充和为他题写的两行铭文：“不折不从，星斗其文。亦慈亦让，赤子其人。”他的墓地成为许多文青必去之地。

墓志的显性价值在于记载内容有无史料价值，铭刻有无书法价值。镇江博物馆收藏的南齐永明五年（487）刘府君墓志，纵 55 厘米，横 65 厘米，厚 7 厘米，1969 年出土于江苏省句容县袁巷乡小龙口。墓志铭文：“齐故监余杭县刘府君墓志铭。高祖抚，字士安，彭城内史。夫人同郡孙荀公，后夫人高密孙女寝。曾祖爽，字子明，山阴令。夫人下邳赵淑媛……长男希文，妇东海王茂瑛，父沉之，祖万喜。少男希武。”

从墓志内容中得知墓主为刘岱，府君是对他的敬称。墓志记述了其祖孙亲属的姓名、字号、籍贯、官职，记述了刘岱及其夫人任晖的年龄及死葬的日期，同时还记述了死者的传略，外加对死者的颂语和铭词，反映了南齐墓志的书写格局。

短短的志文，还原了刘岱的一生。他在世时持家、德行、学问、技艺、政绩、功业等的大小，琐碎的人生细节，满满的生命气息，活脱脱是一份浓缩的个人历史档案，为研究南齐地方风土人情、社会文化、丧葬制度等提供了珍贵的实物资料。

该志文共 23 行，计 361 字，字字清晰无损。为成熟的楷书书体，是隶书向楷书演变的范例，字体刚劲有力，刚柔相济，气度非凡，有较高的书法研究价值，在中国书法史上占有一定的位置。

南齐墓志全国出土甚少，在《汉魏南北朝墓志集释》中，只收集到南齐永明十一年（493）吕超墓志1方，且文字漫灭过多，不能通读。像南齐永明五年刘府君墓志保存如此完好的南齐墓志，在全国亦不多见。

《南齐书》中无刘岱传，墓志中关于刘岱因触犯太守被降职的记载，无疑填补了史料的不足，反映了当时官场斗争的史实。因此，这份墓志弥补了家族史、地方志乃至国史的不足，亦是墓志断代的确证。

贰壹

金棺银椁

舍利供奉悄然中国化

释迦牟尼佛舍利是佛教的最高圣物。相传，佛陀涅槃后，由香姓婆罗门将佛舍利分为8份，由迦毗罗卫等8国请回起塔供养。其后，阿育王又建立84000塔以供养佛舍利。

在印度，供奉舍利的常见方式是将舍利存放在瓶或罐中，再置于佛塔的塔身或塔刹内。佛教传入中国后，供奉舍利的方式与中国传统的丧葬制度相结合，我国还相应制定了一整套供奉舍利的礼佛仪轨。盛放舍利的容器也悄然中国化，制作成棺椁形，多以贵重的金银为材质，以佛教题材为纹饰。

参照棺椁制度等丧葬礼仪打造的舍利容器，极尽工艺之能事，而高格调的包装更加凸显了舍利的珍贵。

收藏于镇江博物馆的金棺银椁，1960年4月出土于镇江甘露寺塔基地宫。

据地宫中所出碑文记载，时任润州刺史的李德裕为替唐穆宗皇帝造冥福，瘗埋了金棺、银椁、释迦舍利子等敬佛之物。金棺、银椁的原料系“差人于淮南收买，旋到旋造”。由此可知，金棺、银椁是当时润州金银工匠所制，令人叹为观止的精湛工艺，反映了唐代金银器工艺的制作水平。

长干寺舍利银椁，唐代盖长11.5厘米，底长9.6

厘米，头高4.9厘米，尾高3.9厘米。椁以纯银捶揲而成，形似棺。除底部外，遍体錾刻精美的纹饰。椁两侧各刻双头迦陵频伽像一身，间以纤细的缠枝花纹；椁盖饰飞天二，前者左手张开高举，右手持花盘作转身回顾状，后者双手持果盘，做行进状。飞天身体柔软，姿态自然，借风飘而起舞，借流云而飞翔，图案美丽动人。

银椁内存放有长干寺舍利金棺、舍利小金棺和释迦舍利子。

长干寺舍利金棺，唐代。盖长6.4厘米，底长5.1厘米，头宽1.9厘米，尾宽1.6厘米。棺以纯金捶揲而成，除底部外，遍体精细花纹。棺头、棺尾均以鱼子纹为地纹，下刻如意云纹；棺身两侧亦以鱼子纹为地纹，各刻两个高髻人首人手鸟身、鸟脚鸟尾羽人，前者两臂伸张，后者双手合捧果盘，周围遍饰如意云纹，錾刻仙鹤三只，翱翔于如意云纹之中。

舍利小金棺，宋代。高1厘米，盖长2.9厘米，底长2厘米，头宽0.8厘米，底宽0.7厘米。棺身为长方形，棺盖盖面为圆弧形，两头为圆角，盖两头均飞出棺身，遍体素面无纹饰。出土时，内盛释迦舍利子11粒，放置于长干寺舍利金棺内。唐代碑文中并未记载有此小金棺，李德裕瘗埋敬佛之物后，宋代曾被寺僧发掘出土过一次，元丰元年加入宋代敬佛之物重新瘗埋，并建造铁塔以为供奉。此棺造型不似唐代金棺造型，且没有纹饰，又套放于唐代金棺中，专家推断应为宋代加放的敬佛之物。

舍利小金棺

贰贰

丁卯桥银器窖藏

来自大唐的『力士』品牌

“物以稀为贵，人以罕为奇。”黄金和白银作为自然界中的稀缺金属，也是财富和地位的象征，历来为人们所追捧。金银制作的工艺品雍容华贵、富丽典雅，自古以来，就是人们喜爱的奢侈品。唐代金银器华丽恢宏，堪称我国古代金银器瑰宝。

1982 年元旦，镇江丁卯桥的一处建筑工地上，工人们正干得热火朝天，挖地大约 1.3 米深时，他们突然发现，泥土中赫然躺着一只硕大的、黑不溜秋的酒瓮。

难道挖到了宝贝？有人建议，先搬上来看看再说。酒瓮的重量着实不轻，两名工人一起努力才将它抬了上来。

大家满怀期待，小心翼翼打开盖子，里面只有黑黑的烂泥巴。工人们有些失望，这时，有人并不死心，用手试探着在周围扒拉，在瓮的西侧发现了一批如钢丝状的钗子。随后，一件又一件的物品相继出土。

文物专家赶到现场清理后发现，瓮是银瓮，钗是银钗。丁卯桥发现的是一处唐代银器窖藏，银器总重量达 55 公斤，多达 956 件。这批银器包括酒器、食器、盛器，以及大量女子梳妆用的发钗、手镯等。

经专家鉴定，这批银器均为晚唐遗物。仔细观察这批文物，专家们惊奇地发现，在近千件的银器中，在不少器物的底部、侧面或者是不显眼的位置上，都錾刻着“力士”铭文，让人不由得联想到唐代著名的宦官高力士。

高力士（684—762），本名冯元一，祖籍潘州（今广东省高州市）。他幼年入宫为宦，先后侍奉武则天、唐玄宗60余年。虽身为宦官，但他办事得力，为人谨慎，而且对唐玄宗忠心耿耿，深得皇帝的信任，扶摇直上。

丁卯桥窖藏银器是高力士私自打造，还是地方官员为了讨好高力士专门为他定制？专家们研究后发现，这批银器属于晚唐时期的风格，在时间上与高力士的时代不吻合，因此可推断不是为高力士专门制作的。也有专家认为，此“力士”可能是当时银器的一个品牌，有名牌商标的含义。

专家们还发现，近千件银器没有使用过的痕迹。一批崭新的贵重银器，为何被掩埋在地下？当时的时代背景可以提供一些佐证。

“力士”铭文

唐朝天宝十四年（755），安史之乱爆发，对唐朝的发展产生了重大影响，政治、经济都受到重创。安史之乱平定之后，唐朝经济重心南移，南方逐渐成为金银器制作的中心，尤其是镇江等地，金银器制作工艺十分高超。

当时的镇江（时称润州）是大运河的重要流经地。丁卯桥附近就是繁忙的码头，货物在这里可以直接登船运走。有专家大胆设想，这批珍贵的窖藏银器制作完成后，就是准备通过这里运往都城。可是，唐朝晚期兵荒马乱，也许这批银器没来得及装船，就遇到了意外。运货的人们迫于无奈，慌乱中将银器统一装到大银瓮里，埋于地下。

这批窖藏银器是质量上乘的唐代珍品。从丁卯桥窖藏银器的纹饰上可以发现，晚唐时期的金银工艺品制作已将外来文化融入中国传统文化中，基本完成了本土化的转型。细密、烦琐和象征性较强的波斯风格纹饰被吸收消化，加入了中国人喜欢的装饰，如鱼纹、凤纹等，体现了唐朝中晚期金银器制作的最高水平，弥足珍贵。

迄今为止，南方共出土唐代金银器 1100 余件，镇江以 956 件的总数而称南方之最，镇江丁卯桥亦是出土唐代金银器的三大著名窖藏之一。

贰叁

唐鎏金摩羯戏珠纹银盆

摩羯的『龙』化过程

唐朝在相当一段时期内社会繁荣安定，因此经济文化发达，思想交融开放。统治者采取开明的政策，中外文化交流，兼收并蓄，给唐朝文化和经济带来了巨大影响，造就了大唐盛世。

唐朝大量使用金银器即是受到西方习俗的影响。据考古数据统计，考古出土的唐代金银器，比先唐朝代所出土金银器的总和还要多出几倍。金银器的制造和使用，在唐代也进入鼎盛时期。

镇江博物馆收藏的鎏金摩羯戏珠纹银盆，1982 年元旦出土于丁卯桥唐朝银器窖藏。银盆高 7.3 厘米，口径 34.5 厘米，底径 24 厘米。通体鎏金，敞口，五曲腹，平底。底面以小波纹为地，錾刻一对翘尾展翅、睁目张口的摩羯，嘴前各有一颗火焰宝珠，衬以莲花、荷叶和游鱼；底腹及腹沿之间，饰以草叶纹与卷草纹带，腹内五曲区间内刻珍禽，衬以涡轮状卷草纹和鱼子纹。

专家考证此器当为酒樽，是筵席盛酒之器的古称，亦即雅称。唐朝筵席上的盛酒之器繁多，尤盆为多，口径一般在 30 厘米以上，既可盛酒，亦可饮酒。

唐代中西方文化交流碰撞，出现大量吸收粟特、波斯萨珊王朝等地区的造型及纹饰现象，装饰构图讲究对称呼应，纹饰设计讲究简与繁、疏与密、动与静的巧妙运用，使得唐代金银器呈现出成熟大气之美。银盆以满地装手法装饰全器，吸收了一些异域风格，加之全器鎏金，金光灿烂，富丽堂皇，呈现出了金花银器的大唐风韵。

器内錾刻的摩羯纹，是我国古代器物上常见的一种装饰纹饰。摩羯，又称摩伽罗，本是印度神话中水神的坐骑，长鼻利齿，鱼身鱼尾。摩羯纹大约于公元4世纪末随佛教东进而传入中国，从东晋到唐的文献记载了摩羯的特点：双眼如日，牙齿似山。身体巨大，性恶，毁坏船只，加害于人。最初的神话中，摩羯是恶魔的化身。

自公元3世纪中叶开始到12世纪，摩羯纹常见于古代印度的雕塑、绘画及佛教寺院建筑的塔门上。从考古资料来看，我国最早的摩羯纹见于隋开皇二年（582）十二月下葬的李和墓，其石椁盖顶沿边刻环，环内怪兽头当为摩羯。

唐时摩羯图案，除了卷起的鼻子外，“鱼”与“龙”的造型特征是被汉化后添加上去的。1976年在辽宁昭盟喀喇沁曾出土1件唐朝三足银盘，盘中心一对摩羯，兽头，面相凶狠，身似鲤鱼，鳞纹。该银盘中的摩羯纹头部与印度摩羯近似，但身体已是鲤鱼的模样。

到晚唐时期，摩羯又有新的变化，唐鎏金摩羯戏珠纹银盆底部錾刻的摩羯，口大张，露出獠牙，鼻上卷，与印度摩羯近似，但头似龙形，身为鲤鱼，遍布鳞片，并长出双翼，这些造型特征无疑是添加了本土化元素。

这种龙首、鱼身带翼及周饰等距离分布的莲花、莲蓬、游鱼作为摩羯中国化的样式，在唐朝晚期已基本成形。

印度、中亚地区的摩羯造像本无翼，唐朝早期的摩羯造像亦无翼，直至晚唐时期，金银器制品上才出现带有翼的摩羯纹饰。印度摩羯传入中国，经过演变，其形象逐渐“龙”化，最终与鱼化龙相结合，成为中国本土特色。

以鱼化龙为情节的鲤鱼跃龙门故事，是中国本土的产物，陆佃《埤雅》引《尸子》：河津一名龙门，两旁有山，鱼莫能上，大鱼薄集龙门，上则为龙；不得上辄暴鳃。鱼化为龙，喻金榜题名、高升昌盛。

兽首被龙首取代，是摩羯纹传入中国后被汉化的一个重要标志，这也让摩羯这个外来的形象更增添了吉祥辟邪的美好寓意。

贰肆

唐银鎏金婴戏图小银瓶

婴戏题材的代表作

以儿童生活为题材的艺术作品，自古以来即有。儿童或玩耍，或嬉戏，千姿百态，妙趣横生，充满欢乐与祥和，被大量用在古代金银器、瓷器、玉雕、木刻和刺绣上作装饰图案，谓之婴戏纹或婴戏图。

我国婴戏图萌芽于战国，发展于魏晋，成熟于唐五代，盛行于两宋，衰落于元明清，是风俗画、人物画的重要组成部分，在传统绘画中占有重要地位。绘画婴孩的技巧较难掌握，既要画出他们幼小稚嫩的身形、晶莹剔透的肤色、娇憨天真的神态，还要在形貌上区分年龄的大小，掌握儿童的纯真自然，因此画史著录中以画婴孩见长的画家并不多见。宋代以前，婴孩大多只是人物画的配角。

镇江博物馆收藏的唐代银鎏金婴戏小银瓶，1982年元旦出土于镇江丁卯桥唐代银器窖藏。其腹部所刻三幅婴戏图，活泼可爱，动感极强，学者称其为我国工艺美术史上婴戏题材的代表之作。

该瓶高7厘米，口径3.8厘米，腹径6.6厘米。侈口，束颈，鼓腹，圜底。采用鎏金、锤凿、錾刻、焊接等工艺制成，下腹部有等距离三处焊接痕，原应有三足，惜出土时已佚。瓶通体饰纹，颈部分别刻有联珠纹、褶带纹及蔓草纹带；腹部以鱼子纹为地，用华丽的卷叶纹构成三个莲瓣形开光，开光间饰以串枝花；瓶底外刻十二重瓣花一朵。腹部三个莲瓣形开光内分别以各种草叶纹为点缀，拟作郊外背景。

腹部三幅婴戏图，以童子为对象，生动刻画了他们斗百草、跳胡旋舞和表演杂剧的玩耍场景。将孩童的常态呈现得淋漓尽致，惹人爱怜。

第一幅为二童子对坐斗草。斗草，又称斗百草，是我国古代民间盛行于端午节当天的一项民俗活动。此俗在南北朝已见记载，迄今民间仍存。值得一提的是，画面背景中零星点缀的草叶与手中所执之草相似，表明二童是在长满草叶的郊外割草并玩斗草游戏。

第二幅画面以针状扇形草叶纹为点缀，刻有三童舞乐的场面。一童子双臂外张，一足勾起，一足尖立于圆形花毡上，似旋转起舞；一童子单膝跪地，双手执拍板；一童子坐于地上吹箫，为舞蹈者伴奏。据专

胡旋舞

家考证，该图应为屡见于文献记载的、唐代极为盛行的“胡旋舞”表演场面。有专家认为，这只小银瓶为镇江本地生产，所刻画儿童舞胡旋的场面亦应是镇江城市文化的反映之一，可见其时胡旋舞影响程度之深、受欢迎范围之广。

第三幅为三童子着戏装、持道具表演杂剧。由衣着和执物来看，三人扮演三个不同的角色。中间一块方毡，上立一童，头戴幞头，身着官袍，双手执笏；右侧一人着窄袖衣、裤靴，左袖后甩，右肩挎一袋，袋中之物似有柄，以右手按住，正匆匆顾首下场离去；左侧一人似为皂吏打扮，衣窄袖，右袍角上掖，下着裤靴，双手执杖，弯腰并足面向官者而立，似正待上场。

银鎏金婴戏图小银瓶通体鎏金，遍布纹饰，采用满地装构图法，器物更显华丽，图案形象生动，儿童天真活泼，亲切可爱，富有浓郁的生活气息。画面中所展现的斗百草、胡旋舞、杂剧场面是研究我国古代民俗、舞蹈、戏剧史等珍贵的实物资料。

用现代眼光审视古代婴戏题材绘画，不难发现，婴戏题材绘画大多以健康活泼的男孩为绘画主体。中国古代是农耕社会，男人是第一劳动力，所以婴戏图以男孩为主，象征着家庭人丁兴旺，子孙满堂，有着丰富而深刻的吉祥寓意。

贰伍

唐鎏金双凤纹大银盒

太平盛世，有凤来仪

中国古代金银器的制造和使用曾经盛极一时，在金银器制作上，古人倾注的热情和聪明才智可谓不遗余力。

繁华的唐朝，金银器迎合时代的审美风尚，制作工艺达到了历史上的第一个高峰，富丽堂皇的金银制品展现出前所未有的多彩风姿。唐朝政府鼓励民间开采金银，并从税收中获益，促进了金银矿业的开发。金银矿开采的兴盛和冶炼技术的提高，为金银器制作的原料提供了保证。唐朝后期，社会经济发生重大变化，官府作坊的工匠身份相对自由，金银器逐渐走下神坛走进民间，并打破中央政府的垄断，在金银器上首次出现工匠、私人作坊或是行会的名字。

1982年元旦镇江丁卯桥发现的唐朝银器窖藏，出土有鎏金双凤纹带盖大银盒两件。银盒通体鎏金，身与盖分别为仰覆四出莲瓣组成，盒身下部为喇叭形高圈足。盖面高高隆起，似一朵覆盖的莲花，镌刻的凸花以衔草翱翔的双凤为主体纹饰，边缘一周环绕8对相向的飞雁，并间以缠枝莲和鱼子纹地。盖口沿錾刻8对奔鹿，均为雌鹿在前奔跑作回首状，雄鹿在后昂首急追，互相呼应，神态生动。盒身上腹部亦刻8对奔鹿，与盖口沿纹饰相同，下腹部刻有8朵牡丹团花。高圈足一周刻10只大雁，足边缘刻变体莲瓣纹带。盒外底部刻有“力士”及“伍拾肆两壹钱贰字”錾文，标明了银盒的品牌及重量。

鎏金双凤纹带盖银盒的花鸟动物图案反映了当时人们的吉祥观念，具有浓厚的生活气息。图案中的双凤、对雁、雌雄双鹿均寓意为夫妻，莲花又称荷花。“盒”与“合”、“莲”与“年”、“荷”与“和”谐音，此盒图案寓意“夫妻恩爱，百年好合”。牡丹花古人称之为富贵花，它与缠枝莲相配，象征“富贵万年”。刻成牡丹团花，又代表“富贵团圆”之意。鎏金双凤纹带盖大银盒造型华丽端庄，工艺精湛，錾刻的花鸟动物图案羽毛毕现，神态生动，动感极强，顾盼之间有呼之欲出之感，体现了唐代金银器制造工艺的高超水平。

双凤纹大银盒盖

从这两件器物上可以看出，唐代金银器的工艺技术极其复杂、精细。装饰图案主要分几何形与写生形两大类，前者多装饰器物边缘，后者多为装饰主题，凤纹银盒即以凤纹为装饰主题。

自古以来，凤就是人们心目中的瑞鸟，也是天下太平的象征。《山海经》上说："凤鸟首文曰德，翼文曰顺，膺文曰仁，背文曰义，见则天下和。"除了表示高贵，凤还寓意吉祥。古人认为，太平盛世，有凤来仪。

早在六七千年以前的新石器时代，原始先民就把鸟纹图案描绘在各种彩陶上。到了商周时期，凤凰逐步神化，原始的鸟纹图案区分出凤纹和鸟纹，凤纹被用在珍贵的玉器和青铜器上。经历了几千年历史文化的洗礼，凤成为中华民族最具生命力的文化标志和精神象征之一。

不同时期的凤纹有着颇为不一样的形态，鎏金双凤纹大银盒上的凤纹图案，时代特色明显，呈现出大唐雍容大度、生机勃勃的时代风貌。

随着农业的发展，唐代茶叶产量大幅度提高，茶叶消费也与日俱增，出现了专用茶器。茶具不再与其他器具混用，形成独特的分支，独领风骚。唐代盛行煎茶或煮茶，饼茶需碾成茶末煮饮，无论饼茶或茶末都需要用容器存放。鎏金双凤纹带盖大银盒容量较大，有专家认为用此来贮藏饼茶是比较合适的，这可能就是陆羽《茶经》中提到的茶盒。鎏金双凤纹大银盒堪称高等级的茶器。

贰陆

论语玉烛酒筹筒

秒杀现代的饮酒游戏器具

中国是酒的故乡，随着酒的出现，各类酒具和酒席上助兴的小游戏相伴而生。大约在西周时期，筵宴上诞生了饮酒游戏——酒令，成为我国饮酒助兴的一种特有方式。

唐朝经济发达，国家繁荣富庶，百姓安居乐业，饮酒成风，酒令自然必不可少。酒令艺术在唐朝得到极大的完善，玩法更加多种多样。

酒令通常分雅令和通令。雅令的行令方法是先推一人为令官，或出诗句，或出对子，其他人按首令之意续令，所续必在内容与形式上与首令相符，不然则被罚饮酒。通令的行令方法主要为掷骰、抽签、划拳、猜数等。总的来说，酒令是用来罚酒的，施行酒令主要的目的是活跃饮酒时的气氛。

1982 年元旦，镇江丁卯桥银器窖藏出土的银器中有龟负“论语玉烛”酒筹筒及酒令筹、酒旗、酒纛等酒宴用具。

众多酒器当中，龟负“论语玉烛”酒筹筒特别吸引专家的注意。这件文物由龟座和圆柱形筒两部分组成，通高 34.2 厘米，龟长 24.6 厘米，筒深 22 厘米。刻花处皆鎏金。龟形昂首曲尾，背部隆起，四肢内缩，五爪落地有力。龟背中央设双层仰莲，上承圆柱形酒筹筒。筒盖周饰卷边荷叶纹，顶纽饰莲花。盖侧饰鸿雁及卷草纹、流云纹，盖纽与边沿有银链相扣。筒身正面錾双线长方框，内书“论语玉烛”四字，两边一龙一凤盘绕，衬以缠枝花叶和卷云，以鱼子纹为地。

酒筹筒里盛放着50根银制鎏金酒令筹，筹长20.4厘米，宽1.4厘米，厚0.05厘米。所镌刻的内容，上段选录《论语》章句，下段是饮酒对象、饮酒方法和饮酒数量。所摘录的《论语》章句，有“与朋友交，言而有信，请人伴十分”，“敏而好学，不耻下问，律事五分”，“己所不欲，勿施于人，放”，“出门如见大宾，劝主人五分”，“天何言哉，四时行焉，在座各劝十分”，“与（有）朋自远方来，不亦乐乎，上客五分”，“后生可畏，少年处五分”等。将孔子的《论语》运用到酒令当中，虽有些牵强附会，却增加了饮酒的文化品位。

酒令筹

丁卯桥银器窖藏共出土酒令旗8支，长28厘米，宽2.3厘米。一支上端矛形，下为圆球，长柄圆杆细长，柄上刻“力士”二字。此外7支制成竹节形，其中一支上端接焊竹叶；酒纛1支，长26.2厘米，顶端呈曲刃矛形，有缨饰，缨下设曲边旗，旗面上刻线环圈，柄为细长圆杆，柄上刻“力士”二字。唐人皇甫松在《醉乡日月》文中记载：“凡笼台，以白金为之，其中实以二十筹、二十旗、二十纛”，意思是说把行令用具的筹、旗、纛置于一器，器以银制，名作“笼台”。龟负“论语玉烛”酒筹筒当为笼台，旗、纛则为行令的“执法工具”。

作为中国特有的一种酒文化，酒令制度是别具一格的游戏，也是佐酒助兴、活跃宴席气氛的重要手段。东汉末年贾逵曾撰写《酒令》一书，白居易亦有诗曰：“花时同醉破春愁，醉折花枝当酒筹。”清代俞效培辑成《酒令丛钞》四卷。古典名著《红楼梦》中也多次写到行酒令的情节，通过酒令游戏丰富了艺术形象。

这组宴集行令专用器具在唐代出土文物中属首次发现，堪称娱酒器具中的极品，也是反映唐代人饮酒行令具体规范内容的珍贵实物。不难想象，当时饮酒行令既秩序井然，气氛高雅，又热闹非凡，充满欢乐与祥和，“秒杀”现代各种取乐的饮酒游戏。

贰柒

宋仿古银盏银盏托

掀起复古尊古的时尚潮流

宋代金银工艺在传承和吸收外来文明的基础上走向完全成熟，造型繁多、玲珑奇巧是宋代金银器造型的总特点。这些宋代金银器不仅具有实用价值，更增加了艺术欣赏价值。

宋人有好古之风，他们理想中的时代，是夏商周至两汉时期。在宋人眼中，那是礼制昌明、群贤毕至之期，因此宋代统治者希望重塑礼制，弘扬古意，建立良好的礼法秩序。在这一思想的指导下，宋代掀起了复古尊古的时尚潮流，金银器中仿商周青铜器的造型与纹饰增多，正是当时社会崇古复古之风的反映。

1981 年 10 月和 1982 年 1 月，江苏溧阳县平桥乡小平桥生产队的农民在荷花塘挖沙时，先后发现两批银器。一批是盏、碟、盘、盆、瓶、盒等 27 件，另一批是银铤 6 件，现由镇江博物馆收藏。其中，鎏金乳丁纹银盏和饕餮纹银盏托，造型复杂生动，古意盎然，堪称宋代仿古之作的典型。

鎏金乳丁纹银盏高 7.1 厘米，口径 8.7 厘米，底径 5 厘米。银盏仿商周青铜礼器簋的造型，双兽耳，腹部及兽耳饰斜方格乳丁纹。簋为古代盛食物的器具，流行于商至春秋战国时期。宴飨和祭祀时，簋常以偶数与鼎配合使用。乳钉纹采用浮雕凸花装饰工艺，将一颗颗半空心立体的乳钉凸显至地纹画面上，捶揲技艺高超，画面立体感强，层次分明，十分雅致，显示了宋代金银器制作的高超技艺。

饕餮纹银盏托高 1.8 厘米，口径 17 厘米，底径 12.4 厘米。盏托内区周边为凸弦纹，内饰套环纹，外区为四组凸花变形饕餮纹。

宋代金银器的工艺继承了唐代的传统并加以改进，捶揲技法的运用更为巧妙，出现了许多具有高浮雕效果的器物。另外，夹层工艺也广为应用，解决了轻薄胎体与优美形态之间的矛盾。此套器具使用了新的工艺技法，鎏金饕餮纹银盏托使用模冲工艺进行了复杂纹饰的制作，鎏金乳丁纹银盏则使用金银器皿夹层套胎工艺制作。

值得一提的是，在宋代，夹层套胎工艺是一种更加复杂的工艺制作方法，需将两个装饰好纹样、大小相近的杯盏器胎模压成型或捶揲成型，按外大里小的顺序套接在一起，再在口沿处通过卷折等方式将两层胎合并在一起，形成整体外观的工艺技法。这种工艺技法使得器物内部因为两胎之间的大小差异形成中空的夹层，具有防烫功能，能避免茶盏水热烫手。人性化的设计，更凸显了设计者的匠心。

盛行于商代至西周早、中期的饕餮纹是青铜器上常见的纹饰之一，最早出现在距今五千年前良渚文化的玉器上，但得名于宋代。在中国古代神话中，饕餮是四凶之一，是贪欲的象征。传说这种怪兽没有身体，只有一个大头和一张大嘴，十分贪吃，见到什么吃什么，由于吃得太多，最后被撑死。饕餮纹图案庄严，结构严谨，境界神秘，也称兽面纹，具有虫、鱼、鸟、兽等动物的特征。银盏仿青铜器，纹饰也多见于商周时期的青铜器，可见宋代仿古之风的盛行。

宋代的金银器，除皇室宫苑有专门加工金银器的机构外，城里已有出售金银器皿的专门店铺，器物大众化，日常用品增多。一些富商巨贾及家境殷实的家庭，在当时都可以享用金银制品。从某种意义上直接反映出宋人的生活品质。

此套盘盏精巧雅饰，优雅含蓄，富有生活气息，尽显宋人的美学思想和生活情趣。

贰捌

南宋雕漆镂空柄团扇

扇子里的清凉世界

无论是传说中铁扇公主可扇灭火焰山熊熊烈火的芭蕉扇，诸葛亮运筹帷幄悠哉自得的羽毛扇，还是现实中古代文人墨客手中挥洒的折扇，在我国，扇子就是一种形象的特征和符号。

扇子最早称“翣”，已有3000多年历史，初始象征权威的成分多于实际应用。据晋代《古今注》记载，扇子发源于殷商时代，以鸟羽制成，作仪卫之美，是帝王威仪的象征。汉代之后，才增添了引风逐暑的实用功能。随着丝织业的发展，纨扇问世，因其“团团如明月”，又称为“团扇”。这种形式的扇子，在造型和装饰上都力求精美细致，人手持之，相映成美。

史传最早出现的扇子为禹舜制的“五明扇”，但有关图像和实物的发现却较晚。成都百花潭战国金银错铜壶上奴隶手执长柄大扇的图像是目前所见较早的扇子图像，较为古老的扇子实物有江西靖安李洲坳出土的春秋晚期竹编短柄扇、湖北江陵马山砖厂出土的战国竹编短柄扇、天星观出土的战国木柄羽扇残件等。

扇子的种类丰富，大致有纨扇、羽扇和叠扇等。纨扇，主要是指团扇，圆形有柄，是我国传统的扇风取凉工具。古代仕女常在众人面前用团扇半遮自己的面庞，“团扇、团扇，美人用来遮面”，其羞涩脉脉的情态，成就一抹可人的风景；羽扇以孔雀、鹤、雕、鹅、雉等鸟禽类羽毛编织成扇面，再加扇柄而成。不仅为纳凉、装饰、舞蹈所用，也是中国古代宫廷礼仪的陈列品，色彩富丽，风雅极致；叠扇，又名折扇，初名腰扇，滥觞于汉末，曾是王公大人的宠物。晋代，腰扇又称为叠扇，是上流社会男女通用的驱暑用具。南北朝时期，南方士流出门常持此物以纳凉遮阴。

宋代以后，折扇渐渐流行。明清时期，浙江、苏州、四川等地盛产折扇，题字作画亦兴于此，是引风用品、夏令必备之物，文人们更看重它的艺术性，并用于收藏、把玩。

1975 年，一把雕漆镂空柄团扇出土于江苏金坛茅麓公社南宋周瑀墓，现收藏于镇江博物馆。这把扇子不仅文气四溢，还有一个美丽的名字——君玉。

周瑀，是宋代的一位补中太学生，墓中随葬的团扇，当为他生前喜爱之物。该扇通长 43.9 厘米，扇面长 25 厘米，最大径宽 20 厘米，柄最大径 2.6 厘米。扇面呈椭圆形，细木杆为轴，竹篾丝为骨，左右两侧各以月牙形扇托托护扇面，扇面裱纸施柿汁，素面无纹。扇柄采用脱胎和剔犀两种髹饰工艺，形似橄榄，中间略粗两端稍细，柄把镂空，透雕对称的三组如意云头纹饰；镂空花纹围绕中间杆轴，可以自由转动；扇柄表层漆以黑漆，镂空刀口处漆色为赭色，在约 5 毫米厚的刀口上可看到 10 多道红漆，每道间以黑漆，其间细若发丝。

这把雕漆镂空柄团扇，精巧雅致。“君玉”二字刻在扇柄头部。“瑀，石之似玉者也”，猜测“君玉”二字可能是墓主周瑀的号，亦是扇归周瑀的名证。古代文人一向有在日常器物上施以装饰的传统，扇子在汉代已发展成为具有中国特色的传统工艺品，制作技术不断提高，质量日臻精美。扇柄扇骨加饰雕工，扇面辅以书画，扇子渐渐演变成有实用功能、极富个性化的艺术品。

「君玉」铭文

雕漆工艺在以往出土物中极为罕见，君玉团扇是我国出土最早而保存又最完善的中国古代雕漆器之一。盈尺大小的扇子，蕴藏着中华文化艺术的智慧，凝聚着匠师们的聪明与才智。

贰玖

南宋周瑀补中太学生牒

来自宋代的『录取通知书』

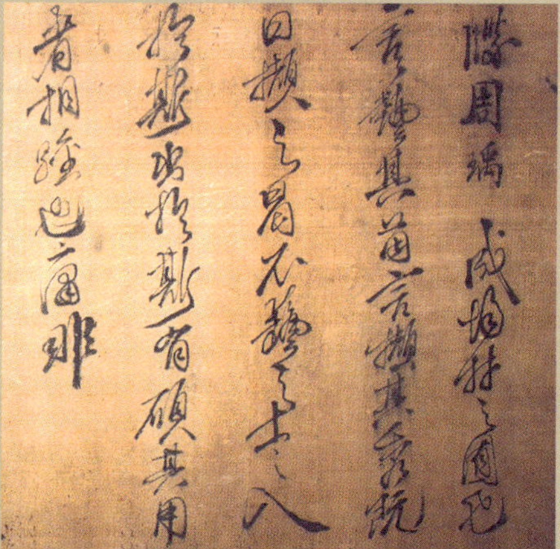

如果将北京大学、清华大学称为我国当代最高学府，那太学无疑是我国古代的最高学府。自夏商周三代开始，贵族子弟就有在太学学习的传统。汉武帝“罢黜百家，独尊儒术”之后，采纳董仲舒的建议，始在长安建立太学。

牒是我国古代通用的一种政府公文，太学生牒就是证明取得太学生资格的正式文件，相当于今天的录取通知书。国子监会给监生（太学生等）发牒。在五代后唐天成五年（930），曾有“敕准往例，凡监生有愿修学者，始给牒收补”的记载。至于正式颁发牒究竟始于何时，虽屡见文献记载，但没有实物见证。直至周瑀补中太学生牒的出土，牒文中“准绍兴十三年十二月十一日敕节文，补试中选学生，依仿嘉祐、治平间给画旨赞词绫纸”的记载与文献正相印证。

南宋周瑀补中太学生牒（以下简称补牒），现藏镇江博物馆，1975 年 7 月出土于江苏金坛县茅麓公社向阳大队南宋周瑀墓。补牒为楠木卷轴，高 33 厘米，径 1.6 厘米。卷轴两端涂紫红色 2 厘米。外为素文绫裹首，高 36 厘米，长 24 厘米。牒、绫各不相连，依次卷裹在木轴上，保存完整。牒长 114.5 厘米，宽 32 厘米，黄褐色素纹绢墨书，字迹清晰，计文字 26 行，满行最多 42 字，小楷行书或寸楷行书。

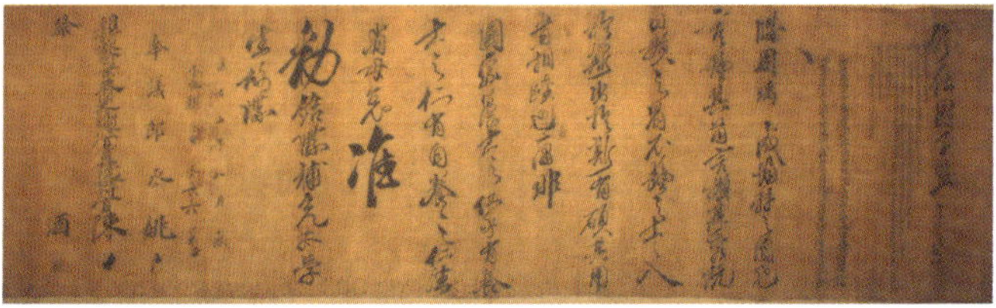

周瑀补中太学生牒

补牒内容包括发牒单位、发牒过程、太学生年籍、养士赞词、发牒官吏等多个部分。发牒过程记载了敕牒的来龙去脉和相关程序。太学生年籍记载了周瑀的籍贯和出身。养士赞词如同现在毕业证书的正文，格式统一，只需填写姓名。

牒文简明扼要，措辞工巧秀美，告诫学子只要刻苦学习，国家自然会委以重任。

周瑀籍贯镇江府金坛县三洞乡碧鸾里，淳祐四年（1244）补中，淳祐五年（1245）八月给牒，补中时23岁。其仕途之路究竟如何，牒文中无从考证，但有一点可以肯定，取得太学生文凭，不仅可以享受一定的待遇，也是其本人身份的重要证明。

牒文中有四人签押，分别为胥佐、胥长、丞、司业。值得一提的是，祭酒没有签字，只有个“阙”字。“阙”通“缺”。

据《宋史》卷四二四《徐元杰传》记载，时任将作监的徐元杰曾面奏宋理宗，反对将史嵩之“起复”

为右丞相兼枢密使。因史父死，按例史篙之应去官守丧三年，未待终丧，史篙之不应提前复职。理宗不久即收回史篙之的“起复”任命，徐元杰则被任命为“兼右司郎官，拜太常少卿，兼给事中、国子祭酒、权中书舍人”。淳祐五年六月初一，徐元杰暴病身亡。八月时，朝廷尚未任命新人担任祭酒之职，故猜测周瑀补中太学生牒国子祭酒名下无人签押，只好写个“阙”字。

据专家认证，这件补中太学生牒不是正本，而是再抄本。原因有三：一是牒上10处应该用印的地方没有盖印，而代以朱砂笔书写的10个“印”字；二是载体为素纹绢，而非文中所载“素白绫二百八十七道”之“绫纸”；三是绢、绫各不相连，依次卷裹，未经装裱。该文物出土后，镇江博物馆为了便于保管，将其装裱成卷，素纹绫装裱玉池部分，以存其貌。

南宋周瑀补中太学生牒是南宋官场文书的典型样本，保留了南宋录取太学生通知的文本样工，再现了宋代教育制度和典章制度，具有文献学、史学的双重意义，是我国不可多得的古代教育制度的档案文献精品。

叁零

宋代泥塑童戏像

玩耍嬉闹的泥孩儿

形态质朴、雅俗共赏的泥塑，体现了劳动人民精湛的手工技艺，蕴含着中华民族独特的文化底蕴。在中国古代神话中，人类是由女娲抟土捏制而来。民间更以泥塑祈求平安，驱邪避灾。

泥塑艺术在汉代已成为重要的艺术品种，考古工作者从两汉墓葬中发掘了大量的陶俑、陶兽、陶马车、陶船。泥塑艺术于唐代达到顶峰，发展到宋代，不但宗教题材的大型佛像继续繁荣，小型泥塑玩具也发展起来，许多手工艺人专门从事泥人制作，具有制作、售卖一条龙的“前店后坊”特色。元代之后，历经明、清、民国，泥塑艺术品仍然流传不衰，尤其是小型泥塑，既可观赏陈设，又可供儿童玩耍，几乎全国各地都有生产。

泥塑玩具，古人称作“泥货”，人型的则叫“土偶”，是中国的传统玩具。宋代手工业和商业的发达，以及城市集镇的相对集中和繁华，推动了泥塑行当的发展。孟元老所著的《东京梦华录》中记载，北宋东京每逢七夕，街头“皆卖磨喝乐，乃小塑土偶耳”。“小塑土偶”即泥塑儿童像，又被称为“磨喝乐”。“磨喝乐”是梵文音译。传说他是佛祖释迦牟尼的儿子，佛教八部众神之一的摩睺罗神，传入中国以后经过汉化，由蛇首人身的形象演化为可爱的儿童形象，具有祈子、宜男之意。

磨喝乐是孩子们喜欢的玩具，犹如现在的“芭比娃娃”，不仅平民百姓买回去“乞巧”，达官贵人也会买回去供奉玩耍。

镇江博物馆收藏了一组五个宋代儿童泥塑像，于1976年在镇江五条街小学宋代遗址上发现，附近同时还发现了宋、元时期的泥塑手工作坊遗址。五个宋代泥孩儿全部为男娃，光头，着开襟薄衣，神态、造型、动作各异，生动地再现了一幅儿童玩耍嬉闹的场景：一娃作摔倒之状，仰面，张开双手，两脚上蹬；一娃趴在地上，双手一前一后，屁股撅起，双脚弯曲，似匍匐前进；一娃双手抄袖而立，面无表情；一娃冷静沉着地站着，左手握拳，右手在下；还有一个坐在地上，头歪向一边，似乎在发表演说。五个男孩栩栩如生，体形准确，表情丰富，欢愉之态跃然而出。

红陶泥塑童戏像铭文

这些泥娃娃均用黄黑色细泥捏塑后烧制而成，通体未施釉，个别地方略施彩绘，传神而富有意趣。部分泥塑身后有“吴郡包成祖”“平江包成祖”“平江孙荣”等楷书阴文戳记。吴郡、平江均为宋代苏州的别称，包成祖、孙荣应为当时的捏塑名匠。这与《东京梦华录》所言的“磨喝乐惟苏州者极巧”相吻合，物勒工名的方式，让我们知道了作者的姓名，印证了

红陶泥塑童戏像（局部）

泥孩儿的时代。

泥塑的原材料以泥为主，较容易取材，价格也相对低廉。“七夕”是宋元玩具制作和买卖的高峰。每逢七月初六、初七日晚，市民多结彩楼于庭，唤作“乞巧楼”，放置“磨喝乐”，作乞巧之用。

泥孩儿在民间礼俗上还有一个特殊的用途是乞求子嗣。封建社会多子多福的传统观念深深影响着社会行为和风气，百姓无不期盼生男孩传宗接代，因此，民间流行供奉“泥孩儿”祈子的习俗。

泥孩儿虽在宋代形成一定的制作规模，但因其原料是泥土，故难以存世。镇江博物馆收藏的这批泥孩儿，均为手工捏制而成，在目前全国考古发现的实物资料中，其数量、质量、种类均位于前列，并且科学发掘于当时的作坊遗址，实属难能可贵，是反映镇江地区其时社会生产、生活情况的重要实物。

叁壹

北宋纪年墓建筑模型

江南庭院的微型缩影

古墓中随葬的微缩建筑模型被称为“建筑明器”，其模仿现实生活中的楼阁、院落、仓、灶、井等建筑类型，既能立体表现建筑构造，又可模仿当时的生活场景，在一定意义上反映了当时的建筑技术。

1978 年 2 月，江苏镇江地区溧阳县竹箦公社中梅大队发现两座砖室墓，出土琉璃陶建筑模型一整套，甚为罕见。根据其中一座墓的墓志得知，墓主李彬，卒于北宋元祐六年(1091)，另一座为其妻潘氏墓。这套收藏于镇江博物馆的精致琉璃陶建筑模型含琉璃陶楼、琉璃陶水榭、琉璃陶凉亭各一。

琉璃陶楼

琉璃陶楼高 46 厘米，宽 41 厘米，深 28.8 厘米。上下两层，重檐歇山式顶，正脊两端为鸱尾，岔脊上有 3 个上翘的尖角。上层 6 根檐柱，两边檐柱均向内斜，形成“柱侧脚”。下层后檐柱为 4 根，前檐柱两根，靠左山墙有一楼梯通往楼上。屋中一桌一椅，两旁立男女侍俑各一。男侍俑着圆领窄袖长衫，腰束带，双手合抱；女侍俑着交领长袖衫，双手捧托盏。陶楼除屋面施深绿色琉璃釉外，余皆为姜黄色釉。

琉璃陶水榭分前进与后进，中以小桥相连。后进为歇山顶高台建筑，正脊两端为兽头，垂脊下有坐狮，檐下 4 根圆柱，其上部均微向内倾斜，莲花柱础。榭内有屏风，中设一椅一桌，两旁站男女侍俑各一。台基四周置钩阑，钩阑上饰葫芦及圆形装饰。台前架设小桥，与前进相连。前进亦为歇山顶高台建筑，正脊两端为鸱尾，檐下无柱，有左右山墙，前有三级台阶。屋面施深绿色釉，余皆施姜黄釉。

琉璃陶凉亭

琉璃陶凉亭高 38.5 厘米，宽 32.5 厘米，深 28 厘米。歇山顶，正脊两端为兽头，垂脊两端塑有坐狮，岔脊上饰 3 个上翘的尖角，檐下四圆柱。莲花柱础，三面设有椅、阑，中置桌椅，旁站男女侍俑各一。屋面深绿，下部为姜黄色釉。

根据墓志记载，李彬，字文叔，金陵溧阳（今属常州溧阳）人。其曾祖、祖父、父，皆未入仕途。经过四代的经营，李彬本人已成为“赀积巨万”的地方富豪。

李彬为人宽厚谦逊，待人接物彬彬有礼，平生“好治居处”——建造各种楼亭轩榭，再种植树木花卉，远远望去，非常漂亮。每逢四时节气，李彬都要准备丰盛的菜肴，召集亲朋好友宴饮。他还乐善好施，遇到亲朋婚丧嫁娶时钱不够，常常慷慨解囊。

据说，当时溧阳的风气，好斗喜讼，即使县官判决以后也不服气。李彬就在家中调解，很多人愿意听从他的规劝。

出土的楼台轩榭等随葬品，反映了富豪李彬生前的生活面貌和真实场景。从胎土、质地、造型、釉色等来看，专家判断这批陶器应为宜兴窑产品。宜兴窑，在今江苏宜兴丁蜀镇，烧陶瓷历史悠久。秦汉时期，宜兴已陶窑密布，两晋时在均山烧造青瓷，晚唐、五代时，宜兴已成为南方民间著名的青瓷窑，及至宋代，日用陶器得到较大发展。

宋代是陶瓷业的鼎盛时期，此时的社会消费时尚推动了陶瓷业的空前发展。从事陶瓷制作的窑场遍布全国，日用陶瓷、建筑园林陶瓷和艺术陶瓷的品种增多，陶塑造型及装饰手法均注入了多种艺术表现形式，器形饱满，线条流畅。同时，宋代也是中国古建筑发展史上的一个重要时期，它承前启后，直接影响了后代。

李彬墓出土的这组住宅建筑模型，屋顶坡度较高，正脊两端有兽头，垂脊上有蹲兽，岔脊上有尖角，柱子微向内斜，雕刻莲花柱础，整个建筑风格皆为宋代特色。从体量和雕塑精美程度来看，堪称南方地区出土的罕见之品，展现了显具江南特色的较为完整的庭院布局，是一份难得的研究宋代住宅建筑的实物资料。

叁贰

北宋釉陶肩舆及舆夫俑

反映宋人生活的场景

随着生活水平的提高，轿车已成为大家首选的代步工具，宝马、奔驰等高档车也走入了寻常百姓家。在我国古代交通十分不便捷的情况下，古人出行的主要代步工具除了马，更多的是轿子。现代的小型客车，之所以被称为轿车，当是由轿子引申而来。

先秦时期的主要交通工具是马车。轿子作为用人力抬、代替畜拉的坐载工具，出现得相对较晚。汉魏之际才陆续有了“肩舆”“步辇”的记载。最初的轿子，在两根木杠上面，固定一块长方形的木板，称为“板舆”。因需有人扛在肩上，又称“肩舆”。

北宋时，椅子的出现和较广泛使用，改变了人们长期席地而坐的习惯，也改进了肩舆的制作。考古发掘出土的宋代肩舆模型，很像一把椅子，两根肩舆固定在两旁。后来，人们给这种椅子式的肩舆逐渐装上了顶盖、围幕等装饰物，大概在北宋后期，形成了后世所见的轿子，由此成为达官显贵们的短途代步工具。

镇江博物馆收藏的北宋釉陶肩舆、舆夫俑，1978年2月出土于江苏溧阳县竹箦公社北宋李彬夫妇墓。肩舆高17.5厘米，杠长32厘米，舆夫俑高20.9厘米。肩舆外形如椅，灯挂椅式造型，两侧扎有竹杠。椅方形平座，四角方形直腿，前腿和后腿分别有横板，靠背竖直，扶手平直。背部饰有斜方格纹和如意纹，舆杠上等距饰多道弦纹。

舆夫两人，分别站立于舆的前后，作抬舆状。前面舆夫右手握拳，左手作扶杠状，头稍偏向右，双腿叉立。整个身体的造型因突出抬舆负重，看上去似有一股力量贯穿脚端和左肩，使得人物形象饱满生动。其面部表情朴实端庄，长眉、隆鼻、阔嘴的憨厚中表现出安守本分、乐天知命的精神。后面舆夫双腿叉立、左手上举，右手叉腰，直视前方，面容端庄，似蕴笑意。

两舆夫俑造型稍异，前后呼应。作为同一职业，两人着装打扮一致，皆头戴扁形小帽，顶有圆纽，额前有束结装饰。上身着右衽交领布衫，衫长近膝，腰束穗状腰带，为便于行走，衣下摆自腰侧开叉，分前后摆，衣纹线条流畅。下着小口裤，足蹬厚靴，显得干净利落，稳健有力。肩舆、舆夫俑均施深绿色琉璃釉，专家判断为宜兴窑产品。

1978 年 3 月，在河南固始侯古堆春秋战国时期的古墓陪葬坑中，出土了三乘木质肩舆，有屋顶式和伞顶式两种制式，是目前已发现存世最早的肩舆实物。在云南晋宁石寨山汉墓出土的铜铸贝器上可以见到汉代舆轿的形象，长方兜形，有两根抬杠，没有帷幔和顶盖，乘轿者取“席地而坐”的姿势，由四个短衣跣足的壮汉肩抬而行。

晋六朝盛行肩舆，其制为长竿，中设软椅以坐人，起初上无覆盖，后加覆盖，成为轿舆。《晋书》有载：

“会三月上巳，（元）帝亲观禊，乘肩舆，具威仪。”唐宋时大臣乘马，老病者可乘肩舆，唐代诗人李绅在《入扬州郭》诗中有“自缘多病喜肩舆”句。

坐上精致的肩舆，穿行在寻常巷陌、酒楼歌台，在当时也是地位与财富的一种象征，毕竟坐得起轿子的人都是非富即贵。墓主李彬生前富裕，说明宋代平民中的富裕者也可享受肩舆这种特殊的代步工具，来一场“说走就走的旅行”。

轿子虽已逐渐退出我们的生活，釉陶肩舆及舆夫俑却极具历史文化和艺术研究价值，为研究北宋时期平民世俗生活、肩舆、服饰等具体生活内容提供了珍贵的实物资料。

叁叁

宋青白釉瓷注子温碗

穿着『情侣衫』的配套酒具

宋代是我国陶瓷业发展史上的繁荣时期，陶瓷生产遍及各地，形成了官、哥、汝、钧、定五大名窑和耀州窑系、景德镇窑系、龙泉窑系、建窑系等窑场，各窑场生产的陶瓷器以茶具、酒具为多。

茶、酒与宋代文人有着难解之缘。宋人在生活情趣方面趋于自然适意。在品茶、饮酒的过程中，注重静养身心，享受人生，体现了宋人雅致的生活。由此，宋代迎来了中国陶瓷史上的“黄金时代”。各个名窑烧造的瓷具，有一个共同的审美旨趣，即以素为底色，以品质如玉为最高境界，并日益延续成为后世瓷业执着追摹的审美风格。

景德镇窑创烧于五代，主要烧制白瓷与青瓷，北宋时制瓷技术渐趋成熟。中国古陶瓷专家冯先铭指出，“瓷器仿玉器始于宋代，以江西景德镇首先仿制成功”。当时景德镇属饶州辖区，故青白瓷又有“饶玉”之美誉。

青白瓷又称影青、映青、隐青、印青，釉色介于青白之间，因青中泛白、白中闪青，清白淡雅、温润如玉而得名。南宋词人李清照在《醉花阴》中有“玉枕纱厨，半夜凉初透”之句，“玉枕”即指色质如青玉一样的青白瓷枕。

镇江博物馆收藏的北宋景德镇窑青白釉瓷注子温碗，2004 年出土于镇江丹徒区上党莱村砖瓦厂北宋墓。

注子通高 23.5 厘米，口径 3.1 厘米，足径 8.1 厘米；注碗高 14.7 厘米，口径 17.8 厘米，足径 9.2 厘米。注子盖钮为狮形钮，昂首翘尾，极富装饰趣味。注子小口，直颈，折肩，腹深略鼓，呈瓜棱状，圈足，肩设弯曲长流，曲形柄。温碗的全形如一朵仰开的花朵，七瓣葵口，瓜棱腹，高圈足。胎白细密，全器施釉，釉厚处呈青绿色。注与碗的上下组合和整个花纹图案设计，协调完美，胎质细腻，釉色明澈温润，青素淡雅。

注子又称执壶，是一种盛酒器。出现于唐代中期，到了晚期，壶的种类增多，有喇叭口壶、直口壶、侈口壶、长颈壶、短颈壶等。五代时期，执壶的造型与晚唐时期有较大的变化，腹部浑圆，流呈圆形弧曲。到北宋时期，执壶的样式较多，有侈口鼓腹圈足、直口鼓腹圈足、喇叭口鼓腹圈足、喇叭口深腹圈足、直口弧腹卧足等，常见腹部有刻画装饰，如牡丹纹、人物纹、双线瓜棱纹、云纹和卷草纹等。

温碗

注子

盖钮

注子和温碗在宋时较为流行，南北窑场均有烧造，但以景德镇青白釉制品最佳。据记载，宋人不仅有饮凉酒的嗜好，也有喝热酒的习俗，使用成套的注子温碗温酒颇为流行。使用时将盛满酒的注子放入温碗之中，碗内加注热水，用以温酒，然后斟入台盏或杯中饮用。由于碗内的热水可随时更换，注子温碗可以时刻使酒保温。在传世的南唐名画《韩熙载夜宴图》中，夜宴几案上摆放着的，就有这样的注子温碗。

注子腹部较大，用于盛酒，温碗较大，可容纳壶腹，这样既可以多蓄热水，又能均匀地把热传递给壶体温酒。作为成套器具，这套青白釉瓷注子温碗设计巧妙，风格协调，造型既注重单体形象，又顾及整体造型纹饰的统一，注子和温碗仿佛穿上了“情侣衫”。整套器具典雅秀美，质朴文气，弧线流畅，纹饰简洁明快，釉色明澈青翠，充分体现了宋代青白瓷的精美和烧造技艺的高超。

据悉，北宋时期精美的青白釉注子温碗，现收存于国内外博物馆的加起来也只有个位数，可见宋瓷注子温碗之弥足珍贵。

叁肆

咸淳六年印侍郎铁刀

匣里金刀血未干

刀，十八般兵器之一。在原始社会，古人类就会将石头、蚌壳、兽骨打制成各种形状的刀。

中国目前发现最早的青铜兵器是铜刀。商朝的青铜刀，刀形较宽，刃端多向上翘，其制作如同石刀。当时的刀主要用来砍削器物、宰杀牛羊或防身自卫，还未正式用于战争。

“城头铁鼓声犹震，匣里金刀血未干。”作为单面长刃的短兵器，刀的最初形态与钺非常接近。秦汉时期，铁制品广泛生产，刀的制作工艺得到改善，形制上刀身加长，并且已有专门的战刀和佩刀之分。由于使用方便，招式易学，和其他兵器相比，刀更具有战斗力。两汉时，刀逐渐发展为步兵的主战兵器之一，同时出现了许多不同形式的长柄刀。

江苏锻冶业发展较早，早在春秋战国时期，吴越就出现了采用锻冶结合工艺制作的刀剑。唐宋时期，江淮地区农业生产中普遍使用的犁铧、铁制垦耕农具均以熟铁为本体钢、以碳钢作刃钢锻造而成，这种嵌钢技术在刀剑上也有反映，镇江博物馆收藏的咸淳六年印侍郎铁刀即为代表。

南宋咸淳六年（1270）印侍郎铁刀，于1974年在镇江丹徒高资乡出土。铁刀全长83.3厘米，身宽4~4.6厘米，背厚0.5~0.8厘米，镡径19.5厘米。

铁刀环首柄，桃形镡，刀尖背斜。刀脊近茎錾刻“两淮制置印侍郎任内咸淳六年造”14字。字迹清晰，刀刃锋利。据《宋史·地理志四》记载：“淮南路旧为一路，熙宁五年，分东西两路。”又据《宋史·本纪第四十六》载：“度宗咸淳六年，印应雷为两淮安抚制置使。”由铁刀铭文“两淮制置印侍郎”可知印侍郎应为印应雷。印应雷，字德豫。原籍静海，迁居常熟。南宋嘉熙二年（1238）进士。以沿江制置使邱岳之命，车兵突入和州，击退蒙古兵。后一度罢官归隐。咸淳时复起用，权兵部侍郎、两淮安抚制置使兼知扬州。此刀应为咸淳六年印应雷以兵部侍郎身份出任两淮安抚制置使时打造。

判断刀剑的锻造水平，从形制来说，长的比短的难造，窄而直的刃比宽而弯的刃难造，双刃比单刃难造。单从形状来判断，一把随身的配刀，如果宽、轻、短，就说明相对比较便宜，是地方生产的。反之，则有可能是官家生产的制式武器。如果有“物勒工名”，则基本可以判断它为当时的标准官造武器。从咸淳六年铁刀上明显可以看到刀刃比上面的刀要窄、要厚，造型十分规矩。

宋代已进入冷、热兵器并用时期，但仍以冷兵器为主导。南宋时期内忧外患，对军事装备的发展极为重视。南宋初，国家投入大量的财力制造武器装备，到了中期后，据《宋史》记载，已是“日造数械，数目山积”。更重要的是，在大量制造武器的同时，南宋还十分重视武器质量。《宋史·兵器》中有对南宋武器发展最好的形容：“戎具精致犀利，今所未有。”

环首直刀是宋代的制式兵器之一，但形制较汉唐变化巨大，刀身缩短、刀刃宽大、刀头加阔、刀尖背斜，刀刃宽大锋利，刀镡为桃形，刀柄带环首。这类直刀不只是单手刀，也常双手持握使用。

铁刀铭文

经当时的北京钢铁学院金相鉴定，咸淳六年印侍郎铁刀以熟铁作本体钢、以碳钢作刃钢，锻接情况良好，本体与刃部粘接良好，看不出任何痕迹，可见南宋制刀的嵌钢技术已经非常成熟。该刀霸气十足，凸显着刀这种兵器独有的特性，仿佛从古战场厮杀归来，冲冠一怒，横刀向天。

叁伍

南宋丝绸服饰

引领潮流的士人便服

中国是最早用桑蚕丝织绸的国家，自古即以“丝国”（Seres）闻名于世。传说在黄帝时代，黄帝之妻嫘祖发明“养蚕取丝”，并授之于民。而考古研究发现，中国先民最早驯养家蚕，逐渐摸索并掌握“治丝”技术的时期最早可追溯到新石器时代。

镇江是江苏省丝绸生产出口基地之一，以“丝绸”名盛一时，在中国丝织业的发展中曾留下浓墨重彩的一笔。远在汉唐，镇江就以“土贡衫罗”和各种花绫著称。至宋代，政府在这里专门设有“织罗务”机构，岁贡御用花罗数千匹，供统治者享用。

1975 年 7 月初，江苏金坛茅麓公社向阳大队发现的南宋周瑀墓中，出土陪葬丝织品包括衣、裤、鞋、袜、帽、贴绣褡裢、丝绵蔽膝等，按成件计 34 件。数量可观、保存良好的各类丝织品是周瑀墓发掘的重要收获之一，现收藏于镇江博物馆，其中几件值得一提。

矩纹纱交领禅衫，长 135 厘米，通袖长 268 厘米，腰宽 68 厘米，下摆宽 89 厘米。禅衫即单衣，衬衣类。此衫为对襟、右衽，直袖式。表、缘以驼色绞纱为地，平纹起花，花纹图案仿自铜器“矩纹”，缘里为同色平纹绢。

纱是一种疏薄、方孔、纤细的平纹丝织物，孔眼细而均匀。周瑀墓中出土的矩纹纱交领禅衫是以一绞一纱组织为地、平纹为花的大提花织物，地明花暗，属于亮

叁陆

宋代茶器

茶香余韵中领略宋人审美

镇江地处楚尾吴头，长江与运河两条黄金水道在此交汇，水陆交通便利，自六朝以来，即为长江下游商品中转港口。东南茶叶和南北各窑的茶具经长江和运河抵运镇江，再向东入海运往各地。

镇江人饮茶始于汉魏之际，茶文化史上著名的“韦曜以茶代酒”的典故即缘于此。唐代镇江名润州，是江南重要的产茶区之一，位于镇江的中泠泉被唐代品泉名家刘伯刍品评为“天下第一泉”，迄今盛名不衰。

饮茶史上，充满仪式感的宋代品饮方式最优雅，也最讲究。饮茶在此时已成为人们日常生活方式之一，城市中茶肆、茶馆、茶坊林立，茶具品种繁多。饮茶内容远丰富于前朝，从器具到场合，各有讲究与仪规。“点茶”广为流行，“斗茶”时尚兴起，茶文化之繁荣由此可见一斑。

点茶是将茶粉放入盏内，点泡一些沸水，将茶粉调成稠状，再添加沸水，边添边用茶匙击拂。斗茶则是将研细的茶末放入盏内，分四次点注初沸之水，至水面浮起一层白色的汤花，看盏的内沿与汤花相接处有无水的痕迹，依据水痕出现的早晚定胜负，早者为负，晚者为胜。

茶事活动的盛行推动了茶具的生产制作，国力的强盛让宋代茶器无论在审美还是工艺水平上都取得了巨大的发展。

镇江博物馆收藏的北宋景德镇窑青白釉瓷茶器，出土于镇江南郊北宋熙宁四年（1071）的章岷墓中，无疑是代表当时工艺水平的一组高档茶具。带托盏托高 6.3 厘米，口径 5.8 厘米，底径 4.1 厘米，呈盘形，中连半球形盏，圈足较高；盏高 5 厘米，口径 3 厘米，口沿镶银边，斜腹，圈足。通体施青白釉，釉色明澈温润，胎质细腻。

章岷祖籍福建泉州，客居润州，宋仁宗天圣五年（1027）进士，历两浙转运使、苏州知州、光禄寺卿等职，皆有政绩。他性情刚介，工诗，范仲淹曾作《和章岷从事斗茶歌》，是一首与章岷的唱和之作，可惜章岷的这首茶诗今已失传。

宋代斗茶先斗色，再斗汤。把茶饼以净纸密裹捶碎，而后用碾子碾成细末，放入茶盒内备用。范仲淹 300 多字的《和章岷从事斗茶歌》极为详细地描绘了当时的斗茶景象，诗中所写瓶中携带的中泠水，就来自被誉为“天下第一泉”的镇江中泠泉。用黄金碾将茶叶碾成末，以建窑盏（紫玉瓯）观看茶的泡沫，再品它的味和香，将斗茶者的心理状态描写得惟妙惟肖。

除了瓷质茶器，漆器也广泛用作茶具。宋代的漆器工艺同样已达到较高的水平，不仅官方设有漆器生产的专门管理机构，民间制作漆器也很普遍。宋代漆器素色为多，以造型取胜。镇江博物馆收藏的江苏宜兴和桥出土的宋代漆盒，高4.5厘米，口径9.3厘米，底径9.4厘米，盒圆形。盖与盒子母口相扣；盒浅腹，平底，银锭式内格。盒表施酱色漆，盖内施褐色漆，底髹黑色漆，内格为酱色漆与黑色漆相间。同时出土的漆碗高5.7厘米，口径12.1厘米，底径5.2厘米，敞口，宽平折沿，腹壁呈弧线下收，高圈足，足外撇。碗外髹酱色漆，碗内及圈足底则髹黑色漆，口沿饰有一圈黑漆边。

宋漆盖盒

漆盒通常用于盛装茶末，漆碗可用于饮茶。这组漆器为薄木胎，器形规整匀称，漆面光洁细腻，线条轻盈流畅，色泽光润，灿烂如新。其表面与器腹酱、黑漆相间，尤为别致。颜色、形状、质感单纯素朴，体现了宋人的审美情趣。

镇江博物馆收藏的这几件宋代茶器，均凸显了清瘦、素雅的形态风格。在茶香余韵缭绕中，似能领略宋人的精神世界和美学风尚。

叁柒

北宋景德镇窑青白釉瓷台盏

庄重美观，稳定实用

两宋时期商贸发达，社会经济繁荣，酒楼茶肆比比皆是，催生了宋人优雅的生活方式。就酒具来说，宋代文人注重生活品质和修养，酒具名目繁多，尤以梅瓶、玉壶春瓶、注子、盘盏、马盂最为典型，对饮酒器具的重视体现了宋人风雅的情调。

宋代是中国瓷器艺术臻于成熟的时代，五大名窑竞相绽放，争奇斗艳。其时，瓷质酒具的数量和质量均超过了前期任何一个朝代。台盏作为一种高级酒具，是当时公卿、士大夫阶层的标配，常常与注子、温碗及梅瓶等酒具组合使用。使用方法是先将储存在梅瓶中的酒倒入注子，借助温碗内的热水加温，然后再斟入台盏中饮用。这时的酒仅稍稍加温，并不太烫，故无须像饮茶那样要端托举盏。

镇江博物馆收藏的景德镇窑青白釉瓷台盏，1985年出土于登云山北宋墓，由盏和盏托组成。盏高4.2厘米，口径9.2厘米，足径3.5厘米；托高3厘米，口径12.7厘米，足径5.9厘米。盏六瓣葵口，浅腹，小圈足。盏托呈盘形，口外撇，器心凸起莲瓣形托座，圈足。胎白略粗，全器施釉，整体器形俊美典雅，文气十足。

台盏，又称“台琖”，元人散曲里称为“玉台”。台盏起源于托盏。托盏的托盘为盘碟状，下无高足，上无圆座。若托盘有高脚，上面中央有小圆座，整体呈台状，则称台盏。所以可将台盏视为托盏的进化形态。从出土或传世的实物来看，瓷质台盏大都制作精美考究，越窑、汝窑、定窑、耀州窑、湖田窑等各大名窑均烧制过台盏，量少而精。镇江博物馆收藏的这组酒具组合，造型秀美，工艺精湛，品相完整，尽显宋式优雅。

台盏是酒具的专名，不能与普通的托盏、盏托混为一谈。扬之水在《奢华之色》中写道："'台盏'原是酒盏与酒台子的合成，它是酒器中的一种固定组合。酒台子便是承托酒盏之盘，不过盘心突起如一倒扣的小盏以为承台，因此得名。宋人称水仙花为'金盏银台'，便是由此类酒器而来。"茶盏托与台盏形制基本一样，但是盏托的中间是空的，如正置的碗盏，可以把茶碗放在中心空的凹下处。宋代的茶碗多为斗笠形，而且茶碗底足都很小。单独一件斗笠碗，往往看起来轻薄有余，稳重不足，配上盏托才能理解此种造型设计。

台盏和注子、温碗及梅瓶是五代、两宋普遍流行的酒具组合形式。宋徽宗赵佶《文会图》等画作里均有这种注子温碗及台盏配合使用的情形。

到了元代，不知何故，台盏这种器皿忽然得到了元朝统治者的高度重视。《辽史·礼志》中有重要仪式中贵族"执台盏进酒"的记载，《元史·舆服志》将台盏定为区别官员官阶的器皿之一，对其使用规格作了限制。

尽管台盏曾在酒桌上独领风骚，但存世量却极少。台盏的器形庄重美观、高雅大方、稳定实用，自晋至清，经千余年而不衰。一些朝代还将台盏列为祭祀或区别官阶待遇的重器，台盏由此也成为中国器皿史上一个值得研究的独特品类。

叁捌

宋代花口银盏

看宋人含蓄典雅之美

银器文化历经了漫长的历史阶段，每个历史时期的银器都折射出当时人们不同的审美观、价值观和人生观。宋人崇尚风雅，唐代雍容华贵的艺术风格至此逐渐演化，宋代银器总体呈现出简约精致的特点，外来文明的特征渐趋淡化，中国传统文化的韵味愈益浓厚。

宋代银器继承了唐代金银器的制作和装饰技巧，又另创一格。宋代银器以花鸟纹为大宗，题材几乎包括所有象征美好吉祥的植物、动物和人物故事。纹饰布局因器设计，突破了唐代单一的团花模式。

1981 年 10 月和 1982 年 1 月，当时的镇江地区溧阳县平桥乡小平桥生产队群众在荷花塘劳作时，先后发现两批银器。一批是盏、碟、盘、盆、瓶、盒等 27 件；另一批是银铤 6 件。其中出土的一组 7 只花口银盏，均敞口、深腹，精致优雅，堪称宋代银器的代表，现收藏于镇江博物馆。

五曲梅花鎏金银盏，口径 9.4 厘米，底径 4.4 厘米，高 4.8 厘米。腹壁呈五曲梅花形，五曲花口圈足外侈。盏内壁每曲花瓣上錾刻有姿态各异的折枝梅，底心捶打、錾刻有一朵凸出的梅花，其外錾刻五叶伸展衬托，圈足底边錾刻一周几何形条带纹。纹饰处皆鎏金。

六曲秋葵鎏金银盏，口径 9.8 厘米，底径 4.2 厘米，高 5 厘米。腹壁作六片花瓣依次叠边，六曲花口圈足外修。盏内壁每曲花瓣上錾刻一支秋葵花，底心捶打、錾刻凸出的花心，其外錾刻六出叶，圈足底边錾刻一周几何形条带纹。纹饰处皆鎏金。

八曲方口四瓣花鎏金银盏，口径10.2厘米，底径4.5厘米，高4.6厘米。腹壁作八曲四瓣花形，圈足呈八曲方口四瓣花形。盏内壁每曲花瓣上各錾刻一支四瓣花，底心捶打、錾刻一朵凸出的四瓣花，其外錾刻四出叶，圈足底边錾刻一周几何形条带纹。纹饰处皆鎏金。

十二曲六角栀子花鎏金银盏，口径10厘米，底径4.4厘米，高4.8厘米。壁呈十二曲栀子花形，圈足亦作十二曲六角栀子花形。盏内壁每曲花瓣内各錾刻一支栀子花，底心捶打、錾刻一朵凸出的六瓣花，其外錾刻六出叶，圈足底边錾刻一周几何形条带纹。纹饰处皆鎏金。

单瓣莲花银盏，口径10.3厘米，底径4厘米，高4.8厘米。盏壁捶打、錾刻成内外互为凹凸的单瓣长桃形十二片花瓣，花瓣上錾刻细密的脉络。底心捶打、錾刻凸出的莲蓬，内含七枚莲子，外边饰两周圆点纹，圈足圆形，錾刻单瓣覆莲。整体形态宛如盛开的莲花。纹饰处皆鎏金。

重瓣莲花银盏，口径10厘米，底径4.2厘米，高4.8厘米。盏壁捶打、錾刻成内外互为凹凸的三层圆桃形花瓣，上、中层各为十二片，底层八片，花瓣上錾刻脉络。

圈足圆形，錾刻重瓣覆莲。纹饰处皆鎏金。

复瓣莲花银盏，口径 9 厘米，底径 4.5 厘米，高 5.3 厘米。盏壁捶打、錾刻成内外互为凸凹的复瓣莲花，口沿饰一周联珠纹，底心捶打、錾刻凸出的莲蓬，中有十三枚莲子，外錾刻辐射线及两周圆点纹。圈足圆形，錾刻复瓣覆莲，底沿刻一周联珠纹。纹饰处皆鎏金。

宋代重文，器多精巧雅饰，纹饰富有生活气息，艺术风格幽雅含蓄。这组器物玲珑剔透，花口、器身和谐一体，器形高雅别致，纹饰丰富而不张扬，充满生活意趣，其精巧的制作工艺、优美的造型艺术、丰富多彩的装饰技艺，无不展示了现实生活的五彩缤纷和文化艺术的欣欣向荣。金银器不只是财富的象征，更是历史和文明的印迹，将实用、美观和精湛的制作工艺完美地结合在一起，吸引了更多的人关注、欣赏、研究。

叁玖

元青花云龙纹罐

弥足珍贵的标型器

青白两色交相辉映的青花瓷，是中华瓷器的重要组成部分。初现于唐代，兴盛于元代，珍品无数，价值不菲，其中尤以元青花最为珍贵。

1966年4月，江苏省金坛县洮西公社湖溪大队社员正在热火朝天地修建水渠，土坑已经挖了两米多深，突然，一位社员的铁锹不知敲在什么上面，发出清脆的响声，低头隐约看见一只像是碗的东西。他用手拂去碗上的沙土，发现这只大碗居然是银制的，银碗下还扣着一只体型丰满、直颈圆腹的瓷罐。

几名社员共同把罐子抬出土坑，小心地掀开罐子上盖着的银制大碗后，几十件精致华美的银器出现在眼前。这件青花云龙纹罐和里面的银器，不久被带到镇江博物馆。通过推断，专家们初步认定青花云龙纹罐窖藏被埋进地下的时间，应该是元代晚期。

青花云龙纹罐高29.5厘米，口径21厘米，底径18厘米，造型丰满，端庄大方。主体纹饰为海水龙纹，腹部以青料描绘精美的双云龙纹，龙细颈四爪。此器先用刻画工具在坯胎上刻画线纹，作为分隔线，在线纹内刻画纹饰，再以钴料绘画，刀法简练。画面布局不拘一格，两只游龙如奔腾在汹涌的浪花之上，似怒目追逐，又似并驾齐驱，两部分纹饰浑然一体，相映成趣。釉质光润，笔触有力，青花苍翠浓艳。

青花瓷又称白地青花瓷，最原始的青花瓷雏形在唐宋就已经出现。到了元代，景德镇窑成功烧造出青花瓷，开启了中国瓷器由素瓷到彩瓷的时代。这种画风豪放、绘画层次繁多的瓷器一改宋代影青瓷纤薄小巧、隽秀素雅之风格，在当时大受欢迎，青花瓷的制作工艺也慢慢走向成熟。

发现青花云龙纹罐窖藏的地方，就在长荡湖的西北岸，距离今江苏金坛市大约15公里，过去曾是漕河水运交通要道，农渔产业也十分兴盛。由于地理位置优越，自六朝以来，这里就富商云集，居民众多。

元朝晚期，阶级矛盾、民族矛盾激化，各地反抗斗争蜂起。元至正十一年（1351），韩山童、刘福通、徐寿辉等领导的“红巾军”元末农民大起义爆发。至正十二年（1352），红巾军攻占杭州，农民起义的风暴开始横扫江浙地区。

据专家推测，当时的富人为了保命纷纷逃窜，实在无法带走的财物只能埋藏在地下。罐内的银器给青花云龙纹罐烧造年代的判定提供了很大帮助，在青花云龙纹罐内藏着的50多件形态各异、精美雅致的银器中，有一件银盘上面刻着回历714年（1314）的铭文。这证明，青花云龙纹罐窖藏埋下的时间不可能早于1314年，而该时间又早于至正时期生产的“至正瓶”，是元青花的标型器之一。

在存世的历史资料中，对于元青花的记载资料十分稀少。加上中国出土的元青花瓷器并不多，罐类的大型器物则更加稀有，因此这件绘工精良、品相佳好的青花云龙纹罐弥足珍贵。

肆零

元青花鼎式香炉

弥补传世未发现类似香炉的遗憾

青花瓷的成功烧制，在中国制瓷史上具有划时代的意义。以往瓷器以刻、划、印花等装饰技法为主，如今彩绘居于首位。

13 至 14 世纪，蒙古帝国的版图横跨欧亚大陆，东西方文化、技术交流加速，制作青花瓷的重要矿物彩绘原料钴料和波斯工匠被引入中原，由此，元代青花瓷被深深烙上了蒙元印记。

1271 年，忽必烈改国号为“大元”，次年迁都燕京，元王朝真正建立。数年后，景德镇设立秩正九品的浮梁瓷局，掌烧造瓷器及漆造马尾、棕藤笠帽等事务。巧合的是，文献可查的两位元代景德镇督陶官与镇江颇有渊源。一位是督陶官段廷珪，皇庆二年（1313）至延祐三年（1316），曾任镇江路总管，而后至治、泰定年间，调任饶州路总管，负责监烧瓷器。另一位督陶官堵闰，金坛人，先后任饶州路总管府推官、镇江稻田提举等职，至顺二年（1331）奉命督陶。

历史总会留下些许难以抹去的痕迹，先后在镇江地区考古出土的元代青花瓷从侧面印证了镇江作为曾经的水陆交通要道、商贾之地的重要性。其中最具代表性和价值的当数青花云龙纹罐（上篇已介绍）和青花海水龙纹鼎式香炉。

2012 年出土于镇江中华路京口闸遗址的元青花海水龙纹鼎式香炉，通高 65.5 厘米，口径 34.5 厘米，底径 18 厘米，现收藏于镇江博物馆。器表纹饰采用元青花多层装饰的典型手法，内容均为中国传统的绘画题材，青花画法与典型元青花器物相一致。口外沿为凤穿牡丹纹，颈部绘狮子戏球图，上腹部饰一圈内填杂宝纹的变体覆莲瓣，腹部饰青花海水锥刻白釉龙纹主体纹饰，下腹饰一圈变体莲瓣纹，近底部留白。青花绘弧形海水纹，用青花留白的表现手法，活灵活现地展现了白龙在蓝色大海中翻腾的壮阔场面。香炉出土时为残片，后经专业修复补缀而成。

在装饰风格和烧制工艺上，海水龙纹鼎式香炉有别于常见的元青花，其特点有二。首先是尺寸大。元代时期青花瓷的大型器物多为罐、盘、瓶等器形，如此大尺寸的元青花香炉尚属首次发现，也是迄今为止发现的最大型元青花产品。其次是工艺独特，古人烧制大型器物的难度可想而知，为了避免一次烧成易裂的弊端，采用分体式烧造，单独烧制铺首、兽形足和曲形耳，后榫卯拼接。

海水龙纹鼎式香炉所在的地层中夹杂着大量的砖瓦建筑构件和陶瓷香炉、花瓶、石制人物头像等宗教遗物残件，与相关文献记载相结合，推测此件鼎式香炉很有可能是供奉在京口闸附近的妈祖庙内。

皇庆以后，妈祖庙得到元代帝王的极大重视。妈祖庙的建设已经从沿海城市发展到运河沿岸，镇江是当时运河沿线重要的港口城市，举行大型的祭祀活动，祈祷风调雨顺，自然需要大量的庙宇供器。

1929 年，英国人霍布逊发现了带有至正十一年（1351）铭文的青花云龙纹象耳瓶（现收藏于大英博物馆），开启了对元青花的研究。根据铭文提到的“张文进喜舍香炉花瓶一副”，霍布逊推测必定还有与之相配套的香炉，根据比例关系，香炉尺寸规格也应较大。由此说明元代定制大型青花瓷器作为庙宇的供器，在当时江南庙宇中可能较为普遍，只是现在已知的考古资料中发现较少。元青花海水龙纹鼎式香炉的出土，弥补了传世未发现类似香炉的遗憾，不仅印证了铭文所提及的内容，而且为陶瓷史研究提供了宝贵的材料。

关于元青花海水龙纹鼎式香炉的生产性质，有学者研究认为它应是景德镇窑生产，且属于浮梁瓷局的产品，并非由普通的民窑烧造。

肆壹

元青花高足杯

元代酒器中的时尚爆款

美酒离不开佳器。造型优美、玲珑俊秀的高足杯，因酒而生，并深刻影响了后世酒文化。

《中国陶瓷史》中明确指出："四系小口扁壶、高足杯、僧帽壶及多穆壶是元代的新创品种。"并说"高足杯是元代瓷器中最流行的器形。口微撇，近底处较丰满，承以上小下大的竹节式高足，是高足杯的典型式样"。著名陶瓷专家张浦生认为："高足杯始于元代，它适用于蒙人善骑喜饮的习俗，最初为马上饮酒而制（高足杯又称马上杯）。"由此可以推知，高足杯最初是蒙古人的饮酒器具，高足杯是随着蒙古人传入中原并大量出现的。

镇江博物馆收藏的元代青花高足杯，高 9~9.2 厘米，口径 11.2 厘米，1962 年出土于镇江丹徒大路公社元代窖藏。高足杯共出土 6 件，杯身为半球状，接以竹节喇叭形高足，其中 5 件杯腹画"梅月"，1 件画"松竹"，杯心花饰亦各有不同，有的为梅花，有的为射干或火焰，胎白色，表面泛黄，内外施釉，仅圈足内无釉，釉色清白莹澈，白釉白里泛青，青花色彩浓重，艳丽凝集。

6 件高足杯均为元代景德镇窑的产品，造型清秀典雅，画面简洁生动，一枝梅、一枝松、一弯月，仅以笔勾、染、点画而成，笔锋酣畅有力，且笔道边缘略有晕散，使画面具有水墨画皴法的效果，笔墨韵味深远，犹似一幅传统的水墨画，具有独特的艺术魅力。

高足杯（俯视图）

考古发现证明，早在新石器时代，高足杯已经出现在人们的生活中，龙山文化黑陶蛋壳高柄杯可以称为远古的高足杯鼻祖。瓷质高足杯始见于隋唐，隋唐五代都有高足杯发现，其高足上收下展，有的带印花或刻画花装饰，形制类似于同一时期的金银器高足杯，制作比较粗糙。发展到宋辽金时，高足杯的底足仍呈喇叭形，杯把较低矮，多为素面，没有繁缛的纹饰，釉色温润，器形端庄。

元代是高足杯的大发展时期，杯身高度和柄足高度比宋代都有所增加，口径也相应地扩大，下腹丰满，独具特色。以江西景德镇窑和浙江龙泉窑产品为代表，福建德化窑、河南钧窑、河北磁州窑和山西霍窑等窑口亦有生产。

元代，蒙古人进入中原，这个马背上的民族饮酒成风。他们英勇、善骑、喜饮，在行军、打仗乃至娱乐狩猎时，都可能在马背上随时拿出美酒来畅饮。他们带来了以高足杯作为酒具的器用习惯。同时，草原文化的审美意象也使元代陶瓷从品种、纹饰到器形，都呈现出与宋代完全不同的风貌。

关于高足杯的功用，有多种说法，主要体现在四个方面：一是作为实用性酒具，可以在马上或在日常生活中用来饮酒；二是作为供奉礼佛或祭祀之用的礼器；三是作为官府公用器，用于官府机构人员的工作或生活中；四是民间商品用瓷，为满足当时人们的内需和外需而烧制。可见，元代高足杯作为商品瓷，亦有销售路径和销售渠道，对内销往全国，对外远销中亚、西亚、东南亚等地，对促进文化的交流与贸易的发展，发挥了重要的作用。

元代青花瓷弥足珍贵，有人对其器形数量做过统计，得出“就国内所藏元青花总数来说，高足杯约占22%”的结论。元青花中有如此多的高足杯，至少能够表明，高足杯是当时酒器中的时尚爆款。

肆贰

元代佛法僧宝瓷印

方寸之间，气象万千

篆刻艺术是汉字特有的艺术形式，素有“方寸之间，气象万千”的特点，迄今为止已有三千多年的悠久历史。

印章在古代称为“玺”。从原始社会开始，印章就是方寸之间的形制，从新石器时代的陶拍到战国时期变化丰富的古玺，印章、印面与文字大体成型。

先秦时，“玺”是对印章的通称。之后只有天子使用的才能称作玺，属臣和庶民使用的一律称为“印”。在等级分明的阶级社会，小小的印章是权力的象征，反映了地域与人文特色，向人们讲述了漫长岁月中的艺术故事。

从先秦到汉朝，印章的格局与文字已大体成熟。至宋代，“诗书画印”的结合使印章逐渐演变成文人雅客爱用的闲章，人们开始大量使用鉴赏印。元末，王冕开文人亲身刻印的先河，为印画一体提供了条件。明清两朝，印学发达与篆刻流派的蜂起，将文人篆刻与印章之美推到一个新的时代高峰。

玺印一般包括官印和私印，除此之外还有一种比较特殊的印章，即宗教印。佛教在东汉末开始传入我国，影响十分深远，遗留下来的佛教遗物也很多，这其中就包括佛教印章。佛教印章可分为两大类，一类是各级政府机构颁发给寺院的凭证；还有一类是佛教寺庙自己铸造、雕刻，以供寺院内部管理或做法事时使用，这种印章的主要特点即印面铸造或雕刻有“佛法僧宝”四个字。

1996年，镇江胜利路侨源开发工地发现一处元代佛教寺庙遗址，发掘者根据文献推断这里是当年的广惠寺旧址。遗址中出土一枚影青瓷质“佛法僧宝”印，根据出土物所在地层及周边共存的遗物，专家们判断这方瓷印为元代遗物。

元代佛法僧宝瓷印，现收藏于镇江博物馆，印体呈方形，通高2.5厘米，长4.9厘米，宽4.5厘米。长条形钮，中部有孔，内刻九叠篆书“佛法僧宝”四字，具有典型的时代风范。

元代佛法僧宝瓷印

印章在战国及秦汉已经非常流行，但那时的印材大多为金、银、铜、玉之类，而瓷作为印材始于南北朝时期，当时主要作为一般的私印或作陪葬的明器。瓷印的制作难度较大，工艺较复杂，要经过制坯、雕钮、素烧、刻字、上釉，再经预定的温度入窑烧造。在1200摄氏度以上高温烧造后，胎质才能“瓷化”。烧制瓷印时，温度越高，越容易扭曲变形，凹凸不平。

瓷印的印坯等于篆刻家的印石，最终还需刻印和上釉烧制才能完成。篆刻和刻石章的技法大同小异，由于泥坯比石章松脆，刻刀宜薄刃快口，便于进刀。尤其在刻制一些细朱文时，如果刀口不锋利，很容易将线条刻破。

印章之美在于字法之美、章法之美和刀法之美，是传统书法字体与镌刻的结合。宋代，是九叠篆的滥觞时期，也是印文与时文剥离之后官印向秩序化发展的定型时期。叠文是宋代官印普遍采用的文字形式，隋唐之后，官印普遍采用朱文，为求印面平满，采用曲叠的方式。折叠多寡，则是根据笔画繁简而定。九叠，形容其折叠之多，用九叠篆形式刻制官印，以朱文凸出九叠笔画特征。九叠篆盛行于宋、元、明，一直延续至今。

在佛教中，“佛”“法”“僧”被称为三宝。专家认为，九叠篆书元代佛法僧宝瓷印当为佛教僧人所用。将三宝集于方寸之中，概括为印，主要押于佛教徒为生者祈福消灾、为死者超度亡灵时所做法事时所用的文疏之上。

《杏园雅集图》手卷

传承雅集，绵延赓续

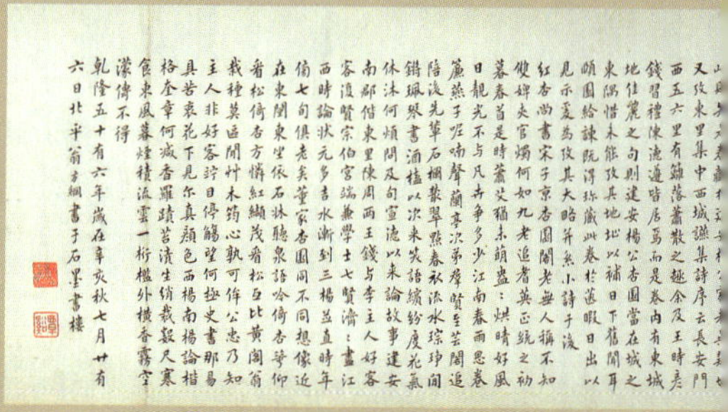

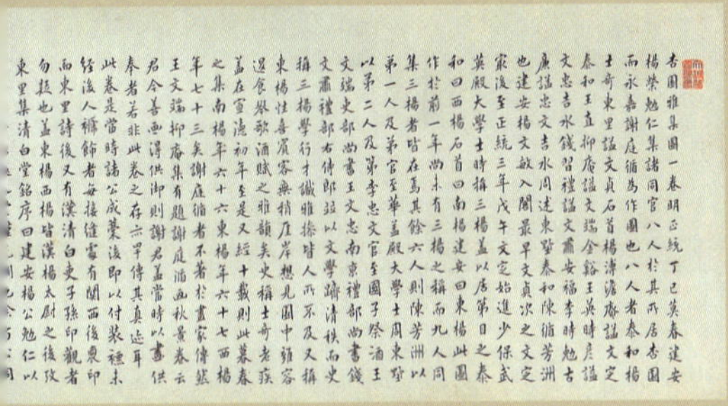
杏園雅集圖一卷明正統丁巳莫春建安
楊榮勉仁集諸同官八人於其所居杏園
而永嘉謝庭循為作圖也八人者泰和楊
士奇東里謚文貞石首楊溥澹庵謚文定
泰和王直抑庵謚文端金谿王英時彥謚
文忠吉水錢習禮謚文肅安福李時勉古
廉謚忠文吉水周述東墅泰和陳循芳洲
也建安楊文敏入閣最早文貞次之文定
最後至正統三年戊午文定始進少保武
英殿大學士時稱三楊蓋以居第曰之泰
和曰西楊石首曰南楊建安曰東楊此圖
作於前一年尚未有三楊之稱而九人同
集三楊者皆在焉其餘六人則陳芳洲以
第一人及第官至華蓋殿大學士周東墅
以第二人及第李忠文官至國子祭酒王
文端吏部尚書王文忠南京禮部尚書錢
文肅禮部右侍郎張以文學踰清秩而史
稱三楊學行才識雖操皆人所不及又稱
東楊性喜賓客與樹在岸想見園中雍容
退食暇歌酒賦之雅韻矣史稱士奇老疾
蓋在宣德初年至是又經十載則此暮春
之集南楊年六十六東楊年六十七西楊
年七十三矣謝庭循者不著於畫家傳鑑
王文端抑庵集有題謝庭循西秋景卷云
君今善畫得供御則謝君蓋當時以畫供
奉者若非此卷之存亦罕傳其真迹耳
此卷是當時諸公成藁後即以付裝禍未
經後人稱飾者每接縫處有閣西後裔印
而東里詩後又有漢清白吏子孫印觀者
勿援也蓋東楊西楊皆漢楊太尉之後故
東里集清白堂銘序曰建安楊公勉仁以

雅集是指文人雅士吟咏诗文、议论学问的集会。最有名的是东晋永和九年（353）三月初三，时任会稽内史领右将军的大书法家王羲之，召集名士和家族子弟共42人，于会稽山阴之兰亭举办的雅集。王羲之于“微醉之中，振笔直遂”，写下了著名的《兰亭集序》，被后人传为美谈。

兰亭雅集的举办，得到了后世文人、书家的积极响应与有效传承。从南北朝开始，历唐宋元明清，直至近现代，文人雅士纷纷相约举办雅集活动。雅集传承有续、绵延不绝，形成一道独特的中国传统文化景观。镇江博物馆收藏的明代画家谢环的《杏园雅集图》手卷画作，描绘的就是明代文人的一次雅集情景。

《杏园雅集图》手卷，绢本，设色。纵37厘米，横401厘米。明正统二年（1437）三月初一，时值阁臣们休沐，内阁大臣杨士奇、杨荣、王直、杨溥等9位

《杏园雅集图》（局部）

朝中大臣，以及画家谢环雅集于杨荣在京师城东的府邸——杏园。除 9 位大臣外，《杏园雅集图》中还绘有童、仆 14 人，加上画家本人的自画像，共计 24 人，以及杏园的环境风貌、临时放置的家具、游乐具、炊饮具等。画家充分运用现实主义的创作手法，运用散点透视，再现了明代文人宴乐的历史场景。画法工细，衣纹挺拔，色彩鲜艳，是一幅具有肖像性质的雅集图。

该卷卷首题"杏园雅集"四字，全卷既无作者款识，也无印章。卷后保存有以下内容：（1）当时雅集者杨士奇分书的《杏园雅集序》；（2）庐陵杨士奇、建安杨荣、南郡杨溥、临川王英、泰和王直、庐陵周述、安成李时勉、文江钱习礼、泰和陈循的即景诗各一首；（3）杨荣《杏园雅集图后序》一首；（4）翁方纲乾隆五十六年为初颐园所作的长篇考跋。诗文共长 667 厘米，均用雨过天青笺、藕金笺相间裱接，接缝处钤"关西后裔”朱文方印。全卷长 1620 厘米，图诗序跋全卷长 1181 厘米，是一幅图文并茂的长卷。

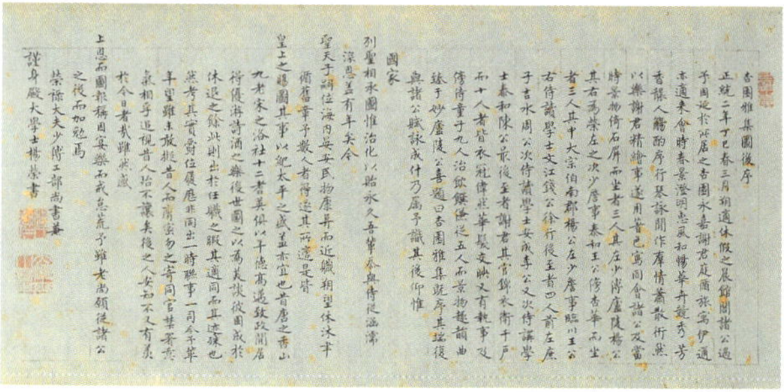
杏園雅集圖後序
正統二年丁巳春三月朔適休假之晨館閣諸公過
予園近於所居之杏園永嘉謝君庭循旅寓伊邇
亦適來會時春景澄明惠風和暢花卉競秀芳
香襲人觴酌序行琴詠間作羣情蕭散衎然
以樂謝君精繪事遂用著色寫圖會諸公及當
時景物倚石屏而坐者三人其左少傅廬陵楊公
其右為榮左之次少詹事泰和王公傍杏花而坐
者三人其中大宗伯南郡楊公左少詹事臨川王公
右侍讀學士文江錢公徐行後至者四人前左庶
子吉水周公次侍讀學士安成李公又次侍講學
士泰和陳公最後至者謝君其官錦衣衛千戶
而十人者皆衣冠偉然華髮交映又有執事及
傍侍童子九人治飲饌從五人而景物趣韻曲
臻于妙廬陵公喜題曰杏園雅集既序其端復
與諸公賦詠成什乃屬予識其後仰惟
國家
列聖相承圖惟治化以貽永久吾輩叨與侍從涵濡
深恩蓋有年矣今
聖天子嗣位海內晏安民物康阜而近職稍望休沐并
循舊章予數人者得遂其所適是皆
皇上之賜圖其事以紀太平之盛蓋亦宜也昔唐之香山
九老宋之洛社十二耆英俱以年德高邁致政閒居
樂優游詩酒之樂後世圖之以為美談彼固成於
休退之餘此則出於任職之暇其適同而其迹殊也
然考其實爵位履歷非同出一時聯事一司今予輩
年望雖未敢擬昔人而簪紱之奇同官禁密亦
氣相孚追視昔人殆不讓矣後之人安知不又有羨
於今日者哉雖然感
上恩而圖報稱因宴樂而戒怠荒予雖老尚願從諸公
之後而加勉焉
榮祿大夫少傅工部尚書兼
謹身殿大學士楊榮書

《杏园雅集图后序》

谢环（1377—1452），字廷循，以字行世，永嘉（今浙江温州）人。好学问，喜赋诗，存《梦吟堂集》，现已佚。绘画早年师张菽起，并宗荆浩、关仝、米芾，明初洪武时已有盛名。永乐中召入禁中，宣德时因宣宗好绘事，特加重奖，官锦衣卫千户。善山水、墨竹、人物，是明代宫廷画家的杰出代表。

据明正统年间阁臣杨荣的《文敏集》、杨士奇的《东里续集》，以及嘉靖年间阁臣李东阳的《怀麓堂集》、黄佐的《翰林记》记载，《杏园雅集图》由谢环绘制后，摹写多本，与会者人手一画，也就是说至少有 9 幅（画家不算）作品传世。从骑缝处的“关西后裔”方印分析，藏于镇江博物馆的这卷当为杨荣家族所藏。

此卷又称“镇江本”，抗战期间为民国金融大亨唐寿民所得，1958 年交镇江博物馆收藏。唐寿民 1892 年生于镇江谏壁，没读过书，14岁进钱庄“学生意”，从此开始他的金融生涯。1932年，唐寿民升任交通银行常务董事和总经理，还兼任过中央造币厂厂长等职。

《杏园雅集图》手卷在明代绘画史上具有一定的地位，它是画家亲历纪实的作品，真实地记录了雅集的具体时间、参与的每个人物、出现在场景中的具体物件，具有证史、补史、正史的价值。明代史家黄佐编纂的官署志《翰林记》将《杏园雅集图》作为馆阁雅集的典范记录了下来。

光阴荏苒，9幅《杏园雅集图》手卷仅镇江博物馆和美国纽约大都会艺术博物馆收藏的两卷幸运地流传至今。但美国所存卷中无画家本人像，当为《杏园雅集图》副本。

肆肆

《长恨传并歌》隶书轴

文徵明隶书小字代表作

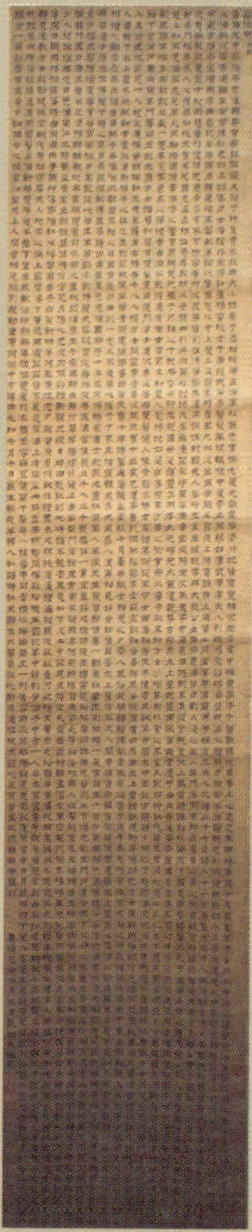

世人多知《长恨歌》，而少知《长恨传》。

相传唐宪宗元和元年（806），白居易任周至县尉，有一日与好友陈鸿、王质夫到仙游寺游览，其间说起唐明皇与杨贵妃的故事。王质夫说，像这样可歌可泣的事情，如果没有大手笔加工润色，就会随着时间的推移而消磨殆尽。于是鼓励白居易写一首长诗，陈鸿写一篇传记，二者相辅相成，以传后世。因为白居易长诗的最后两句是“天长地久有时尽，此恨绵绵无绝期”，所以他们就称这首诗叫《长恨歌》，称陈鸿那篇传叫《长恨传》。

陈鸿，字天亮，唐代贞元元和间人。曾任主客郎中等官职。长于史学，撰有《大统纪》30卷。《长恨传》收录于《太平广记》卷第486卷，鲁迅校辑的《唐宋传奇集》也将此篇收入。有人认为，《长恨传》是白居易叙事诗《长恨歌》的白话版本。

镇江博物馆收藏有明嘉靖八年（1529）文徵明《长恨传并歌》隶书一轴，纸本墨笔，纵156厘米，横32厘米，计2115字，排列有序，一笔不拘，神完气足，极具法度。文后题款：“嘉靖己丑七月三日长洲文徵明。”钤“文徵明印”白文方印；“衡山”朱文方印；“归来草堂”朱文长方印；“唐作梅印”朱文方印；“燮士”朱文方印。轴右下钤“伯羲”白文方印；“盛昱私印”白文方印；“秀水”朱文圆印；“绿溪山庄收藏之印”

朱文长方印；“吴锡麒印”白文方印。此卷轴为袁左良1959年捐赠。袁左良，镇江人，20世纪20—40年代上海金融界的知名人物，曾任金城银行襄理，与文艺界人士往来密切，富藏书画。

文徵明（1470—1559），名璧，字徵仲，号衡山居士、停云生，江苏苏州人，曾官翰林待诏。善山水、花卉、书法，为吴门画派宗师，成就斐然。

作为中国明代中期著名的书画家，以及吴门书派、画派的领袖，文徵明不仅绘画才能突出，在书法方面也具有很高的造诣。他诗宗白居易、苏轼，文受业于吴宽，学书于李应祯，学画于沈周。在诗文上，他与祝允明、唐寅、徐祯卿并称“吴中四才子”。在画史上，他与沈周、唐寅、仇英合称“吴门四家”。

身为吴门领袖，文徵明一生临池不辍，辗转多师，篆、隶、楷、行、草均有建树，尤擅行书和小楷，温润秀劲，法度谨严而意态生动。小楷笔画婉转，节奏缓和，与他的绘画风格谐和，有“明朝第一”之称。

虽出身于官宦世家，但文徵明早期考取功名仕途却不太顺利。在生员岁考时，考到嘉靖元年（1522）53岁时都未能考取。54岁那年，受工部尚书李充嗣的推荐到了京城，经过吏部考核，他才被授翰林待诏的职务。

甫经三载，57岁时文徵明便辞归出京，放舟南下，回苏州定居，自此致力于诗文书画，不再求仕进，以戏墨弄翰自遣。晚年声誉卓著，号称“文笔遍天下”，购求他的书画者踏破门槛。

在吴门四家中，以文徵明流传于世的书画最多。他一生创作谨严，性格恬静、内敛，淡泊明志，主张书画要有士气、清高气。他 90 岁时仍可作蝇头小楷，一丝不苟，流丽秀劲，达到炉火纯青之境。也许是仕途坎坷的遭际消磨了他的英年锐气，而大器晚成却使他的风格日趋稳健，被誉为自元代赵孟頫以来，集书之大成者。

文徵明自称隶书最好，笔画瘦劲光润，形成一时风尚，但他流传于世的隶书并不多。据专家考证，此《长恨传并歌》隶书轴是他 60 岁的作品，也是难得的精品，为其隶书小字的代表作。

肆伍

明王宠行书手卷

开阔正大，以拙取胜

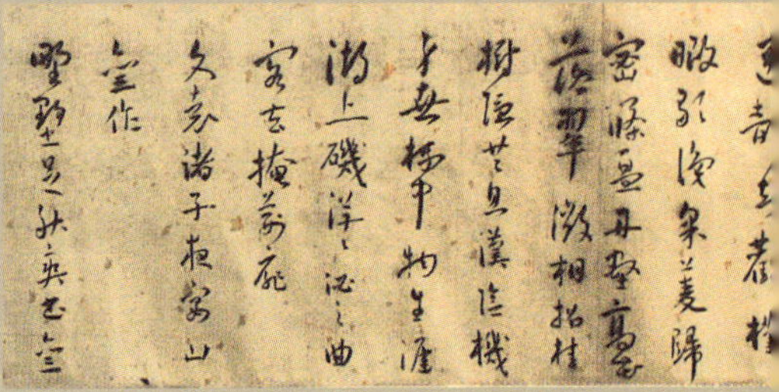

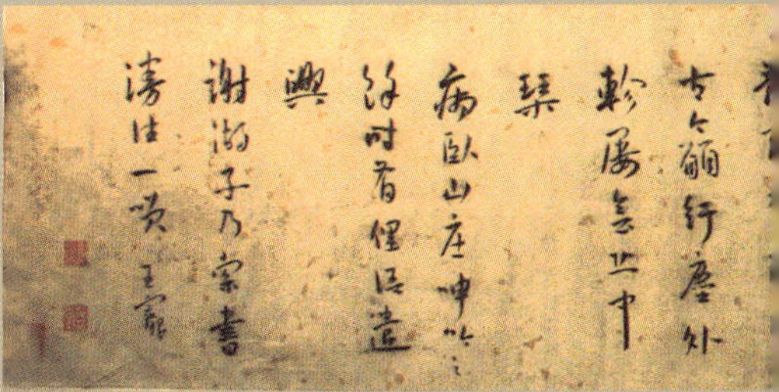

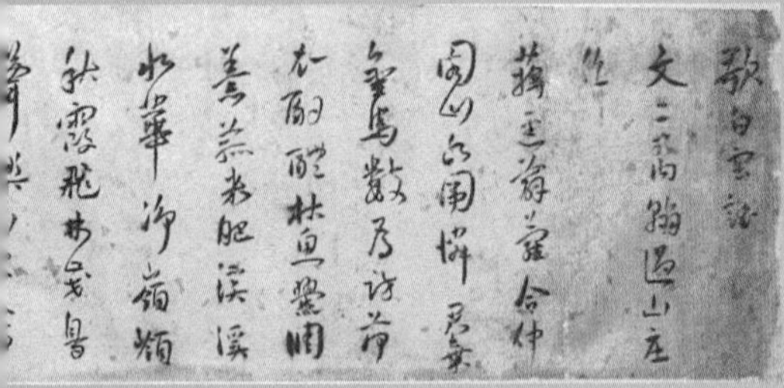

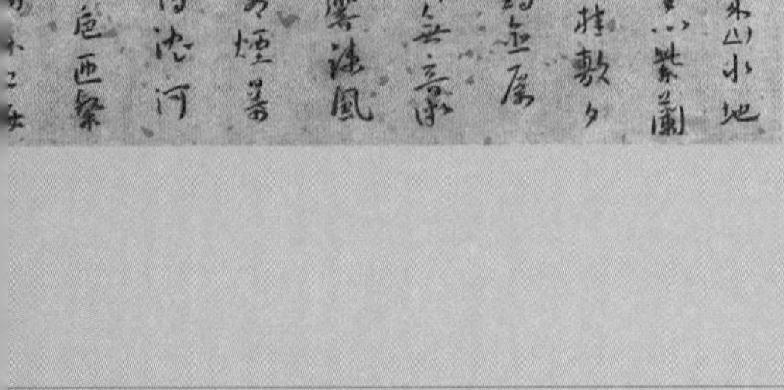

明代中期书坛上，出现了以祝允明、文徵明、王宠为代表的三位书法家，既继承了古代书法的传统精髓，也写出了各自的风格面貌，突破了明代初年以来“馆阁体”对书坛的笼罩，开辟了书法创作的新途径。由于他们都生长在工商业发达、文人荟萃的苏州地区，书法艺术成就比较突出，具有较大的影响，因此有“吴中三家”之称。

祝、文、王三家书法各有自己的优势和专长，祝允明隶、楷、行、草诸体皆工，尤以草书成就最为突出，影响也大。文徵明诸体皆佳，小楷尤精。王宠则擅长小楷和行、草，行书造诣颇深。他的楷书初学虞世南、智永，行书师法王献之，从他传世的少数几幅作品看，虽然同样的俊秀和灵气生动，却是以拙取胜，与祝、文两位前辈大相异趣。

镇江博物馆珍藏有王宠行书手卷一轴，纸本墨笔，纵 24 厘米，横 216.2 厘米，堪称佳作。此卷为王宠自作杂诗，虽是病中所书，但行书峭厉圆劲，飞动流转，别具一格。卷尾题款为：“病卧山庄，呻吟之余，时有俚语遣兴，谢湖子索书，漫法一笑。王宠。”钤“王宠履吉”白文方印，卷中另有“采芝堂”“锡蕃审定”白文方印各一方。

王宠（1494—1533），字履仁、履吉，别号雅宜山人，苏州吴县人。一生用心诗文书画，兼擅篆刻，放意山水，才高志远，于诸方面都取得了较高成就，其中尤以书法最为著名。专家认为，他的笔下无狂怪之病，点画、结体皆有来处，字势开阔正大，无琐小习气。

王宠出生于吴县一个普通的小商人家庭。他从小就展露出了与众不同的才情，对古玩、书画有着浓厚的兴趣。而他早年最突出的天赋，体现在做什么像什么上。

相传，王宠年幼时在私塾读书，看到师母非常漂亮，就提笔画下师母的美貌，十分逼真。私塾先生知道此事后勃然大怒，将他逐出师门。没想到后来师母去世，因找不到一张传神的遗像，私塾先生只好硬着头皮，拉下面子用了王宠画的那张。此外，还曾有人愿意用银杯换他画的芙蓉花，足可见其画工精湛。

另外，王宠还是唐伯虎的亲家。话说王宠 18 岁那年去桃花庵串门，和 43 岁的唐伯虎一见如故，并在唐的画作上题跋。此后两人往来颇多，一来二去，唐伯虎竟将自己心爱的女儿许给了王宠的儿子，两人从知己结成了亲家，成就了一段民间佳话。

16 岁到 37 岁，王宠曾 8 次应试，屡战屡败，屡败屡战，让这位满腹诗书气的才子倍受打击，英年早逝，生命定格在 39 岁。短暂生命中的最后时光，他过得十分困窘，常常要向朋友借钱度日。

王宠善于博采众优，师古创新，从而形成了自己独特的艺术风貌。虽不到 40 岁而卒，却赢得了生前身后名，其书法“拙趣”“古雅”，开创了明代书风的先河，尤其为晚明书风的转变开启了新的法门。

此卷由季修甫捐赠。季修甫（1924—2017），南通中学退休教师，对地方历史文化有广泛深入的研究，被誉为“老南通活词典”，著有《季修甫文集》。他的收藏活动始于20世纪50年代，藏品丰富，见解独到。他酷爱艺术，尤其是书法篆刻，不仅收藏甚富，且精于鉴赏。

王宠留下的真迹较少，此手卷为了解其书法风格的形成提供了珍贵的资料。

肆陆

明陈淳草书扇面

浪漫恣意的白阳书法

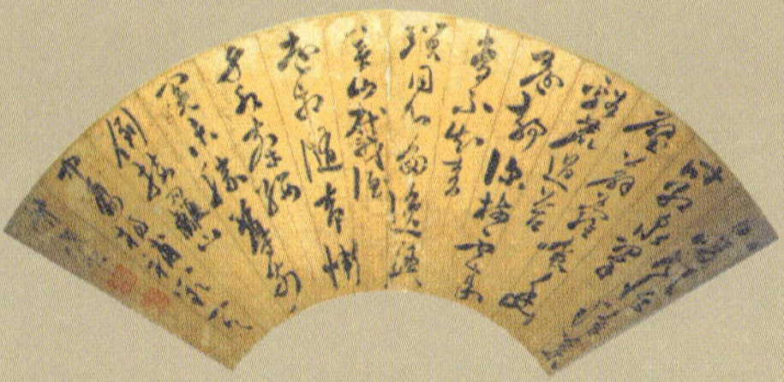

吴门，指苏州或苏州一带。为春秋吴国故地，故称。明代时期的苏州地区拥有发达的商品经济，繁荣的经济推动了苏州文化活动的兴盛。吴门画派是指明代中期生活在苏州地区的画家群体。其主要代表人物有沈周、文徵明、唐寅、仇英，这四人被后人并称为“吴门四家”或“明四家”。吴门画派中的许多书画家亦依靠出售自己的书画维持生计和发展书画事业。

陈淳是吴门画派中的重要一员，师从文徵明，与后来的徐渭齐名，号称“青藤白阳”。镇江博物馆收藏了一幅他的草书扇面，纵 18.6 厘米，横 53 厘米，款题“道复书”，钤“复父氏”“白阳山人”白文方印二方。笔法提按顿挫跌宕，动感十足，用笔多变，浪漫恣意，舒展劲健，老辣而又透露出几分秀逸。

陈淳（1483—1544），字道复，号白阳、白阳山人，苏州人。出身官宦世家书香门第。他自幼饱学，对于经学、古文、辞章、书法、诗、画，都有相当造诣。他的祖父陈璚、父亲陈钥，都曾在江浙一带官居要职。陈璚与当时同乡名人皆有交往，尤与沈周交往密切，而陈淳的父亲陈钥则与文徵明私交甚厚，因此文徵明对陈淳的绘画和书法产生了多方面的影响。

由于始终生活在优渥平静的环境中，陈淳直到而立之年都接受着以文徵明为核心的苏州精英圈子的熏陶，淡于仕途，流连诗酒书画。他擅长写意花卉，尤妙写生，画面简练概括，创立了文人写意花鸟画的新风格。除此之外，陈淳也擅长山水。他的山水画受到米友仁、高克恭等宋元画家的影响，笔下山水以江南风光为题材，水墨淋漓，颇得氤氲之气，也颇具文人生活情趣。

33岁那年，陈淳安逸的生活发生改变。这一年，父亲因病离世，给了陈淳很大的打击。他开始消极厌世，甚至开始与青楼女子交往。据说，有一天陈淳宴请文徵明，席间竟然叫来歌妓助兴，对此深恶痛绝的文徵明气得当场离开。自此之后，师徒二人反目。陈淳一改以往受文徵明书画风格的影响，并立志“自此绝不作细楷字，亦绝不作小山水图”。以此与文徵明划分界限。

事实证明，陈淳说的不是一时的气话，在极短的时间内，他便完成了风格的转变，自立门户，笔墨放纵，诗文书画均有明显个性，令文徵明十分吃惊。文徵明并没有因二人之间的恩怨而影响对陈淳的公正评价，他后来对人说：“吾道复举业师耳，渠书、画自有门径，非吾徒也。”客观地表达了他对陈淳的认可和赞许。

书法与绘画一脉相承，陈淳对书法极为重视。其书法以行草为长，不拘古法，虽受文徵明一些笔法的影响，但整体格局追求酣畅淋漓的挥洒，笔法荒率，不拘泥于一点一画的精到，结构飞扬跳荡，似已有晚明行草征象。有人认为他晚年自由的大写意作品主要得益于书法，贯通了书法与绘画之间的联系。他的行草书中洋溢着真率浪漫的情调，草书吸收了绘画的结构美，画中又浸染了书法的线条表达。

陈淳称得上是文徵明门下声誉最高的学生，明万历年间即有人曾评价他在花鸟、花卉方面的造诣和声誉都超过了文徵明。陈淳被誉为“吴派”中仅次于沈周和文徵明的第三号人物。令人欣慰的是，陈淳的作品被保存下来较多且大部分都被博物馆收藏。

肆柒

《金焦图卷》

诗中神游画为补

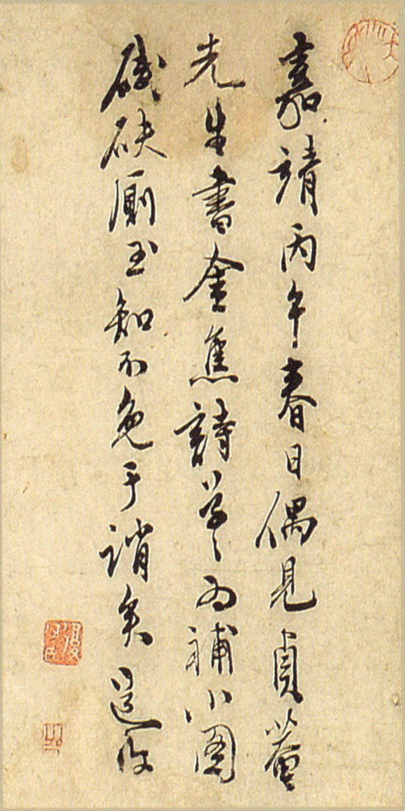

美丽的历史文化名城镇江，是长江和京杭大运河交汇处一颗璀璨夺目的明珠。真山真水，枕山濒江，素有“城市山林”的美称。镇江的金山、焦山极负盛名，历代文人墨客在此留下了无数脍炙人口的名篇佳作。

古代金山原是屹立于长江中流的一个岛屿，风景幽绝，形胜天然，被誉为“江心一朵美芙蓉”。明时金山尚在长江中，后由于泥沙淤积，至清道光年间，才开始与南岸陆地相连。

焦山向以山水天成、古朴幽雅闻名于世，山水天然真实，山上古木葱茏。早在北宋庆历八年（1048），焦山就修建了宝墨亭以收藏碑刻，明代扩建为宝墨轩，开启了焦山收藏碑刻的先河。

明代嘉靖年间，南京刑部尚书周伦到镇江游览金焦二山后，看到金焦二山宛如浮于扬子江中的两块碧玉，

《金焦图卷》

山光水色美不胜收，随即作诗《金焦行》一首。回到家后，有一位朋友到访，周伦忆及金焦二山美景，欣然为友人吟诵《金焦行》，并勃发丹青之兴，提笔将诗书写下来。

该书法横批后为明代画家陈淳偶见，或许是诗人的诗句助发了他的画兴，或许是诗中所描写的金焦二山美景让他心动。陈淳便根据诗中所描写的情景，挥毫泼墨，画出一幅《金焦图卷》。画完之后，陈淳还颇为谦逊地表示自己以假乱真、鱼目混珠，要贻笑大方了。

陈淳、周伦《金焦图卷》，行书纸本墨笔，图纸本设色。周伦行书纵 31.2 厘米，横 563 厘米；陈淳金焦图纵 31.2 厘米，横 118.1 厘米。现为镇江博物馆收藏。

卷首为周伦行书《金焦行》诗，书法有生气，运笔分行匀稳，得苏、黄书法之精妙。款题：“秋堂王君过予，为诵此诗，跃然有丹墨之兴，因书以发，贞庵。”钤“贞庵”朱文方印、“周氏伯明”白文方印、“御史大夫”朱文方印。

陈淳所绘《金焦图》，用笔老辣，苍劲有力，呈一气呵成之势，可谓笔工精到的上乘之作。款题：“嘉靖丙午（1546）春日，偶见贞庵先生书金焦诗，草草为补小图，碱砆（珷玞）厕玉，知不免于诮矣，道复。”钤“复父氏”白文方印，另有一印残缺。

周伦（1463—1542），字伯明，号贞庵，昆山人。弘治十二年（1499）进士，授新安知县，擢大理寺少卿，官至南京刑部尚书。谥康僖，卒年80岁。周伦为人坦荡端正，操守耿介，外宽内严。他善大书，有苏轼、黄庭坚笔意，又善行草，有晋人风骨。

观此图中，金山位于画作右方，焦山位于金山的左前方，方位明显有误，可推知陈淳在绘此图前并没有到过镇江的金焦二山，只是于周伦诗中神游金焦。但画中金山寺宇楼阁金碧辉煌、鳞次栉比，碧波环抱的焦山林木蓊郁、满山苍翠。

《金焦图卷》是画为诗补，无声的画和有声的诗同样巧妙地融为一体，画意诗情相映成趣，相得益彰。

值得一提的是，该图卷后附有王谷祥、仲蔚、端方、陈任旸、陆润庠、陈庆年等20人的题跋，保留了众多的文人墨迹。

肆捌

董其昌行草七言诗扇面

书画之名重海内

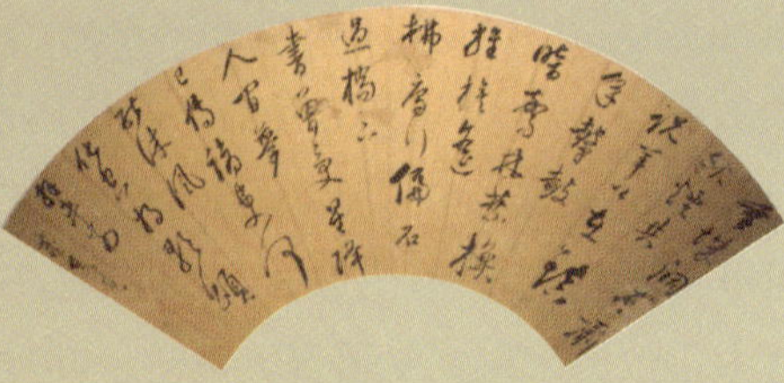

明清书画史上，群星闪烁，出现了不少风格独具的书画家，影响广泛而深远的首推董其昌。他开辟了中国绘画史上的一个新时代，把中国的文人画推进到了一个新的阶段。不仅有卓著高超的艺术作品传世，其艺术理论还影响了明清近百年的绘画理论研究，明末清初的绝大多数画家，都直接或间接地受到他的强烈影响。

董其昌（1555—1636），华亭（今上海松江）人，明末书画家，字思白，号玄宰，又号香光居士。万历十六年（1588）进士，选庶吉士授编修。官至礼部尚书，谥文敏。

董其昌才溢文敏，通禅理、精鉴藏、工诗文、擅书画及理论。他的书画创作讲求追摹古人，但并非泥古不化，在笔墨的运用上追求先熟后生的效果，拙中带秀，体现出文人创作中平淡天真的个性。书画风格名重当世，成为明代艺坛的主流。著有《画禅室随笔》《容台集》《画旨》等文集，其“南北宗”画论，对晚明以后的画坛影响深远。

镇江博物馆收藏有一幅董其昌的行草七言诗扇面，纸本墨书，纵 18.8 厘米，横 56.8 厘米。扇款题：“董其昌。”钤“董其昌”朱文方印（残缺）。董其昌书法早年学颜、虞，中年致力米芾，又追晋人风韵，并参以禅理，故其书风空灵、隽永，被誉为“书家神品”。扇面纸熟，又有折痕，形式特殊，写好不易，董其昌是书扇老手，将扇面的短处变为长处，出现的线条及墨色的变化别有意味，游刃有余，潇洒出尘。

出身贫寒之家的董其昌能在书法上取得超高成就，纯属偶然。明隆庆六年（1572），17岁的董其昌参加会考名列第二。事后得知，董其昌的文才第一，可是在批阅考卷时，松江知府嫌其考卷上的字写得太差，遂将字写得较好、本应是第二名的董其昌堂侄董源正改为第一。

这件事极大地刺激了董其昌，自此他刻苦发愤钻研书法。认真临摹古代名家墨迹，在用笔用墨和结体布局方面，融会贯通各家之长，以古为师，以古为法。董的书法成就一方面得益于自己刻苦勤奋，善于深刻地悟通、反省，另一方面得益于他与当时的大收藏家项元汴的交往，得以饱览许多书画真迹，学习研究了绝大部分名家，因此，他的书法综合了晋、唐、宋、元各家书风，自成一体，在明末即以书画名重海内。

后世公认董其昌行草书法造诣最高，行楷之妙，跨绝一代。作为晚明最杰出、影响最大的书画家，董其昌的作品都是海内外大收藏家寻觅的目标。这幅珍贵的行草七言诗扇面在20世纪50年代，由金融家袁左良捐赠给镇江博物馆。

肆玖

居节《潮满春江图》轴

意境深远笔韵幽

在明代书画大家中，文徵明无疑对吴门书坛、画坛影响最深、最广。绘画上，他与沈周共创“吴派”，与沈周、唐寅、仇英并称“吴门四家”；诗文上，他与祝允明、唐寅、徐祯卿并称“吴中四才子”；书法上，他与祝允明、王宠并誉为“吴中三家”。文徵明作为沈周之后的吴门画派领袖，40岁之后，执吴门画坛牛耳达40年。文徵明的门人、弟子众多，是当时吴中地区最大的绘画流派。除了他的家族弟子外，师从他学画的还有陆治、王谷祥、钱谷、周天球、陆师道、居节等30多人，居节是其中非常杰出的一位。

居节，具体生卒年月不详，约明嘉靖至万历前期（有专家认为他的生卒应在1524—1585）。居节，字士贞，号商谷，江苏苏州人。少时聪慧，师从文徵明的次子文嘉学画。偶然之机，运笔作画被文徵明看到，文徵明对其十分赏识，遂授之以书画之法，居节正式入室成为文徵明的徒弟。

镇江博物馆收藏有居节《潮满春江图》一轴，纸本墨笔，纵47.5厘米，横26.5厘米，由镇江民国时期金融家袁左良捐赠。该幅山水小景立轴，用笔谨细，墨韵淡雅，意境深远，是居节的典型画风。其中部留白，以虚带实，意为茫茫江水。下部陂陀断续，野树参差，小舟停靠，得江南江汉野趣。上部群峦叠嶂，云岚缥缈。除山头以重墨点拈之外，远山近峦均施淡墨，意境清旷。

作于辛酉二月十又七日，即明嘉靖四十年（1561）二月十七日。钤“居节”白文方印，画下附裱收藏者题跋及收藏印、鉴定印。时居节正值盛年，画、诗、书俱臻成熟。

图上自题七绝一首：“潮满春江澹不流，东风扇暖柳初柔。夕阳遥见青山色，吹破浮云落小舟。”作为文徵明的弟子，居节书法带有很强的文徵明风格，平正婉和，清润端方，点画精到，温润秀劲，稳重老成，法度严谨而意态生动。

据记载，居节“家本业织，籍隶织局，受织监孙隆诬陷，被拘系破家，晚年僦居虎丘南村，屋数椽，萧然自适。或绝粮，则旦起写《疏松远岫》一幅，令童子易米以炊”。《明画录》卷四谓其“年六十，竟以穷死”。

伍零

明宋旭《秋山垂钓图》轴

开阔严谨，幽静隽雅

明代是我国地方画派的形成期和发展期，画风迭变，画派繁兴，涌现出了众多或以地区为中心，或以风格相区别的绘画派系。明代画派大致分为三个阶段，早期为浙派，中期为吴门画派，晚期为松江派，但三个阶段也不是截然分开的，而是相互交替衔接，并呈现出较鲜明的流派更迭。

松江派又名“华亭派”，以顾正谊为创始，以董其昌为代表，是晚明松江府（今属上海）治下的苏松派、云间派、华亭派三个山水画派的总称。其中，“苏松派”和“云间派”均源于“吴门后劲”，晚明著名画家宋旭、赵左、沈士充、宋懋晋等人都出自他的门下。

宋旭（1525—约1605），字石门，号天池发僧、景西居士，浙江嘉兴人。博宗内外典，通禅理。师沈周，学有师承，万历间即名重海内。

镇江博物馆收藏有宋旭《秋山垂钓图》一轴。绢本设色，纵186厘米，横97.8厘米。画面以平远法构图，开阔严谨大气，意境幽静隽雅，笔墨朴茂，设色古雅。远处山峦巍然绵延，丘石嶙峋，林木浓荫苍翠。稳健、厚重的用笔和沉浑滋润的墨色，使所画景色深远博大，苍茫润泽。款题：“万历癸卯夏日写于振玉山斋，石门山人宋旭，时年七十有九。”钤“宋旭之印”“石门山人”白文方印二方。此画作于万历癸卯，即明万历三十一年（1603），此时，他已79岁。

宋旭开“苏松派”之先声，所绘山水，常作巨幅，气象雄逸，构图紧密，景物细致入微，用笔缜密沉着，绘画技法娴熟，善于运用勾、皴、点、染等各类技法，笔下峰峦、丛树、溪泉、房舍，浑然一体，呈现出峦光山色、朴茂静穆、情景交融的天然意境。其书法喜用八分书，尤其是在画作题跋和落款中经常使用。

宋旭功力浑厚，绘画技艺全面。在师法前人的基础上勇于创新，其画继承发扬了宋元时期讲求士气逸格、缜密秀雅的文人画传统风格，追求摹古之风，师法自然，布局疏朗明媚，景物深窅疏淡，笔墨苍润清逸。

遁入佛门以后，宋旭隐居佛寺，潜通禅理，一生作画不辍，81 岁时绘《平沙落雁图》轴，清逸传神，传为美谈。宋旭传世的山水画作，现多分藏于北京、上海、武汉、南京、山东、沈阳、重庆等地的博物馆。

《秋山垂钓图》轴原为镇江民族工商业者、实业家严惠宇收藏。严忠婉（1918—2018），为严惠宇的长女， 1986 年春，她与胞妹严忠媛、胞弟严忠慎联名，代表严氏家族，秉承父亲遗愿，将该图轴捐赠给镇江博物馆。

伍壹

蓝瑛《瑶峰玉树图》轴

融合南北两宗，自成一家

浙派绘画是中国画坛的重要流派，因开创者戴进是浙江钱塘（今杭州）人，故得名“浙派”。自宣德至正德年间，浙派与明代宫廷绘画（院体派）曾呈双峰之势雄踞当时画坛，代表了当时中国绘画的主流。

“浙派”后期代表画家之一的蓝瑛，与戴进、吴伟并称为“浙派三大家”，擅长画山水、花卉，早期秀润，晚年笔力苍劲，对明末清初的画风影响较大。

蓝瑛，钱塘人，生于明神宗万历十三年（1585），卒于清康熙三年（1664），字田叔，号蝶叟，晚号石头陀，又号东郭老农。清代以来，不少学者把蓝瑛称为“浙派”的“后劲”或“殿军”，画史上称之为“后浙派”。实际上，他的画风与戴进等人不同，不能将其完全归属于“浙派”之后。

镇江博物馆收藏了蓝瑛《瑶峰玉树图》一轴，绢本设色，纵166厘米，横49.5厘米，由严忠婉女士捐赠。该图眼界宏远，落笔纵横奇古，气象峻嶒，灵动跳宕。款题：“瑶峰玉树，甲子冬仲，蓝瑛仿王摩诘画法。”钤印二方，文已磨损不清。图右下角钤“朱方老民”白文方印；“箕斋秘笈”白文方印。画作于甲子，即明天启四年（1624）。

蓝瑛一生以绘画为职业，师法宋元名家，早年主要得力于黄公望，擅长画山水，兼工花鸟、人物、兰竹。

画风融合南北两宗，自成一家，属于一位文人化的职业画家。

蓝瑛喜山水，好游历，故颇得山川滋养。他曾遍游粤、襄、荆、晋、秦、燕、洛等地，名胜饱览，眼界自宽，故落笔纵横奇古，或繁或简，笔墨苍劲，气势雄浑。在作品的题款中，常喜署仿某家之作，如“仿张僧繇”“法荆浩”“仿李成”“仿王摩诘”等，实为画家自己面貌，绘画特点用笔顿挫，以疏秀苍劲取胜，善写秋景。

据史料记载，约在 23 岁时，蓝瑛寓居松江，后来长期活动于杭州、嘉兴、南京、扬州、绍兴等地，以卖画授徒为生，影响深远。作为一个职业画家，享年 89 岁的他一生勤奋，笔耕不辍，传世的绘画作品面貌多样，数量众多，大多收藏于博物馆。从现存早期的绘画作品中可以看出，他在临习古人绘画作品的过程中，打下了扎实的笔墨功底。中年自立门庭，上窥晋、唐、两宋，遍摹元代诸家笔法，集取优长，晚年作品渐趋苍劲疏宕，有人认为其与文徵明、沈周并重。

他的画法有两种，一种作勾勒浅绛法，另一种作没骨法。他的画设色鲜艳突目，运用石青、石绿、朱砂、赭石、铅粉诸色，画红树、青山、白云，点染别致，是晚明时期富有变化的山水作品。虽力追古法，但能融会贯通，自成风范，对明末清初绘画影响很大。画风又有多种面貌，有些作品笔墨含蓄隽雅，有些作品青绿重设色，画法工细，色调浓丽，愈老而愈工。

蓝瑛的传派，直接继承衣钵的有蓝氏一家子孙，如蓝孟、蓝深、蓝涛等，弟子刘度、王奂等皆各有成就。陈洪绶及“金陵八家”等著名画家，都曾受到他的影响。

《瑶峰玉树图》轴画面布局稳重，用笔苍劲，点染别致，代表了作者山水画成熟时期的面貌。

伍贰

娄坚行书扇面

飘逸洒脱，笔力遒劲

明崇祯元年（1628），苏州府嘉定县（今属上海）命谢三宾合刻当地名流唐时升、娄坚、程嘉燧、李流芳四位先生的诗文，命名为《嘉定四先生集》，“嘉定四先生”因此得名，亦称“嘉定四君子”。

镇江博物馆收藏有“嘉定四先生”之一娄坚的行书扇面一页，纸本墨书，纵 19.5 厘米，横 52.5 厘米，款题：“同友人过唐氏园 坚。”钤“子柔”白文方印。字体飘逸洒脱，笔力遒劲，章法生动自然，耐人品味。

娄坚（1554—1631），字子柔，嘉定人。经明行修，学者推其为大师。万历四十四年（1616）贡于春官，不仕而归。工行楷，其诗画自成流派。

娄坚出生于世代医者之家，祖辈有人在宫中当御医，后世子孙也世代行医，这样的家庭虽不是世代书香，但也不会耽搁孩子的教育，更何况娄坚的父亲娄巽曾为嘉定神童，未成年时，已补博士弟子，自然十分注意培养教育娄坚，娄坚少年时代即师从长期定居嘉定的古文大家归有光。

娄坚所处的时代正值明代中晚期，以魏忠贤为首的宦官集团把持朝政，明王朝内忧外患。娄坚终身没有做官，与唐时升、李流芳、程嘉燧同居乡里，声气相通，以学问品行为重，钟情于文学艺术，徜徉于山水园林之间。四人皆能诗文、工书法、善绘事，文学思想也多有契合之处，被称为“晚明最后一个诗派”。

娄坚与唐时升、程嘉燧皆为归有光门下弟子，文章颇有归氏清雅恬淡之气韵。据史书记载，三人常常结伴，布衣杖履，外出游玩，谈诗论文，一起出游的人都说他们像是古代的学人，不染尘俗，具有仙人气韵，又称他们为“练川三老”。

娄坚工书法，早年学习钟繇、王羲之书法，晚年改学苏轼，一洗柔媚之习。其时，社会推崇董其昌书法，娄坚对此颇不以为然，认为董氏书法秀整有余，而苍劲不足。娄坚书法既厚重浑朴，又灵动活泼。前期，从容淳雅，饱满圆润，俊逸洒脱。晚年，书法成就益高，尺书寸简，人们争相传购。

相传清代康熙年间，苏州著名文人顾嗣业至嘉定访友，在一间破屋檐下看到一块被弃置不用的匾额，上面有娄坚题写的“秀野园”三个大字，他越看越爱，被深深吸引，舍不得离开。最后与物主商量，买下匾额带回苏州，挂在自家园圃中，日夜相伴，一时传为佳话。

娄坚的文章继承了归有光传统，风格和平安雅，以朴实动人，成一家之言。他的文集《学古绪言》被收入《四库全书》，其内有不少关心百姓、热心地方事业的文章，对嘉定崇慕古学、砥砺名节之士风产生了深远影响。娄坚的诗也独具特色，律诗模仿元稹、白居易，有中唐风韵，有《吴歈小草》传世，古风成就较高。

尽管从未为官，娄坚一生却极具使命感。为培养人才、振兴嘉定的教育事业，他曾写《上督学王御史书》，批判当时的“空虚无实之学”。当时嘉定大涝，百姓家中无粮、灾情严重，他撰写《与陈明府论水灾书》，上书嘉定知县，提出放粮赈灾，以拯救灾民，更在书信的最后，慎重劝告知县不要以“书生不识时务，而笑之为迂”。

伍叁

青花带盖梅瓶

具有标志性特征的正德青花

青花瓷是中国瓷器的主流品种之一，它是指一种在瓷胎上用钴料着色，然后施透明釉，以1300℃高温一次性烧成的釉下彩瓷器。釉下钴料在高温烧成后，呈现出蓝色，习惯上称为“青花”。

不同年代的青花钴料，千姿百态，但都能很好地适应中国绘画的各类题材，更多的人将青花视为水墨之美的另一表现形式，而水墨写意正是中国传统艺术的精妙所在。

迄今为止发现的最早的青花瓷器标本源于唐代考古文化层，成熟的青花瓷器出现在元朝。青花瓷器成为明朝瓷器的主流，且在清朝康雍乾三朝发展到了巅峰状态。

明朝景德镇窑青花瓷器绘画所用青料均以天然钴土矿石加工而成，但由于矿石的来源不同和加工方式不同，致使各个时期青花瓷器在图案颜色方面呈现出不同的风貌。典型的明朝永乐、宣德青花瓷器使用的是进口“苏麻离青”（亦称“苏泥渤青”）料；典型的成化、弘治青花瓷器使用的是产于乐平县（今江西乐平市）的“平等青”；典型的嘉靖、隆庆、万历青花瓷器使用的是产于上高县（今江西上高县）的“石子青”（亦称“石青”）与西域“回青”的混合料。由此形成永乐、宣德青花浓丽凝重，成化、弘治青花明净素雅，嘉靖、隆庆、万历青花浓重艳丽的独有风貌，虽风格迥异，却异曲同工。

按照陶瓷界的传统分法，明朝瓷器被分为早中晚三期，早期为洪武到宣德，中期为正统到正德，晚期为嘉靖到崇祯，这种分法比较科学地总结了明朝青花瓷器的不同面貌。

镇江博物馆曾向民族实业家严惠宇收购一件青花带盖梅瓶，该瓶为明正德时期产品。通高 18 厘米，口径 2.2 厘米，底径 6.4 厘米。有盖，盖呈将军盔形。小口直径，溜肩，腹内收，假圈足，底微外撇。器内满釉，器底无釉，盖与器底均有螺旋纹。盖外壁为缠枝花卉，枝茎缠绕，作连续的波状线。器物颈部与肩部有三道弦纹，腹部绘三组狮子，张口瞪目，尾巴摇摆，上下各有三朵云纹，好似在云海中翻腾。腹部下饰弦纹两道，其下绘折枝梅花三组。整个梅瓶造型丰满浑厚，釉肥亮，青花淡雅，纹饰清晰，线条流畅，呈现出柔和、淡雅、清爽的蓝色。

正德（1506—1521）是明武宗朱厚照的年号，前后共历 16 年，青花瓷正处于明朝中晚期交替的过渡时期，上承成化、弘治朝，下启嘉靖、万历朝，器物逐渐改变了前朝精致、纤细、小巧的风格，器体一般较厚重，青花色泽较浓重，青中偏灰，花纹比较模糊。纹饰则一改成化、弘治时期的疏朗明快而趋繁密。可以说，正德青花，早期近似成化、弘治，但数量不多；中期是正德青花的典型器；晚期因青料改用西域回青，发色浓艳，青花色泽和纹样与之后的嘉靖青花相仿。从现在所见正德青花的官窑器可知，一般胎体细洁，但厚薄不均，大件器物比较厚重，釉色白中闪青灰，釉层肥润、细腻，釉面光亮，透明度强，釉中气泡较多，器物底面的釉呈现亮青色。

梅瓶因口径之小与梅之瘦骨相称而得名，为盛酒用具。青花带盖梅瓶清爽雅丽，朴素流畅，无论是釉色，还是纹饰都具有正德青花的标志性特征，为我们认识明朝瓷器工艺的阶段性发展提供了有益的佐证。

伍肆

青花缠枝莲纹三足炉

虽仿尤珍的『山寨』版官窑

缠枝莲纹又称串枝莲、穿枝莲，是中华民族喜爱的装饰纹样。缠枝莲纹是以莲花为主体，以蔓草缠绕成图案，因其花枝缠转不断而得名。缠枝莲纹兴起于宋代，盛行于元、明、清三代。无论是作为主体纹饰还是辅助纹饰，它都能和各种器形完美结合。

出淤泥而不染的莲花在中国传统文化中有着丰富的寓意，文人墨客喜爱用莲花来表达自己内心的坚贞不渝。以莲花喻人，为人正直高洁，为官则清正廉洁。在佛教及佛教艺术中，莲花又被奉为“佛门圣花”，代表吉祥如意。缠枝莲，缠绵不绝，恰好符合人们对于子孙后代生生不息、百代连绵的美好期盼。

绵延不绝的缠枝莲纹，色彩雅致明艳，线条流畅灵动，繁复而不乱，柔美而清雅。青花缠枝莲纹是青花、白瓷与纹饰的结合，形式与内容的结合，使莲更加具象，强化了青白两色产生的美感。

镇江博物馆曾向民族实业家严惠宇购进一件青花缠枝莲纹三足炉，通高 8.7 厘米，口径 9.5 厘米，底径 8.4 厘米。敛口，圆唇，腹微鼓，平底，三蹄足。器内及底部施釉。底部白釉泛青，宣德年制款。腹部绘缠枝莲纹，莲纹以十瓣组成一朵盛开的莲花，共三朵。每朵莲花以缠枝相连，莲心突出，花瓣尖梢饱满。

该器底款虽为“宣德年制”，但字体没有明宣德款遒劲有力，而是软硬不均，笔法草率。青花釉的色泽青中偏灰，既不像宣德那样浓翠，也不像弘治那样淡雅，似与正德所用江西上高县“石子青”青料相同。据专家推断，这件青花缠枝莲纹三足炉不是宣德窑器，应是正德时期仿官窑的民窑产品。

香炉底款

我国古代文人雅士把烹茶、插花、挂画、焚香并列为“四艺”，香炉是焚香必备的器具，也是民俗、宗教、祭祀活动中必不可少的供具。宋代之前，香炉作为传统的实用器主要以青铜和陶制成。汉代以后，香炉的材质逐渐丰富起来，尤其是在宋代，制瓷业蓬勃发展，以瓷为材质的瓷香炉逐渐取代了陶制和铜制香炉，成为香炉的主流，各种仿铜式瓷香炉纷纷问世。到了明代，瓷器由单色釉发展成为以青花装饰为主流，青花瓷遂成为香炉的主要品类。

香炉的器形多种多样，有鬲式、鱼耳、鼓钉、莲瓣、三足、五足、筒式炉等。三足炉式在宋代龙泉窑已有烧制，明初龙泉窑延续，景德镇窑亦有烧制。三足香炉是香炉中最常见的一种，焚香祭拜，通常用的都是三足香炉，放置时，通常一足在前，两足在后。

元、明、清时代，除官窑外，民窑也广泛制作各类瓷炉，瓷炉大量走进寻常百姓之家。百姓日常也使用民窑生产的瓷炉，请香礼佛，祈福求安。青花缠枝莲纹三足炉虽非宣德官窑所出，但器形大方，手绘缠枝莲图案线条流畅，古意盎然。

伍伍

嘉靖青花葫芦瓶

应运而生的『官搭民烧』

景德镇瓷器的生产自元代以来即有官窑和民窑之分，官窑产瓷专供朝廷，民窑产瓷行销民间。由于生产目的、消费对象等方面的不同，两者之间的器形、品质和艺术风格存在着明显差异。

“官搭民烧”是明官窑自嘉靖时期开始实行的一种瓷器生产制度。嘉靖时期（1522—1566）共 45 年，其间曾发生多次农民暴乱，国力衰弱。官窑器所需量大而国力有限，御窑厂无力完全承担官窑器的生产任务，然而圣命难违，朝廷下达的生产任务不得不完成，否则乌纱帽甚至性命难保，官搭民烧制度应运而生。

御窑厂将部分产品分派给民窑烧制，承担这种烧造任务的窑被称为“青窑”，或“包青窑”。“青”指瓷器的成色，“包青”指包烧并保证瓷器的成色。一般情况下是官窑出样品，青窑按样烧制。及至清代，御窑厂几乎全部采用“官搭民烧”的办法，成品检验合格后“俱照数给值”，烧坏则要赔偿。对于窑户来说，虽然这是一种沉重的盘剥，但为了使器物皆成正品，完成官方的限额任务，他们更加注重产品的质量和精细程度，吸收官窑精工细作的经验，并全力以赴地改进技术，因此精品不断涌现。

镇江博物馆收藏有一件早年由镇江市文物商店收购的明嘉靖青花葫芦瓶，高 23.8 厘米，口径 4.2 厘米，底径 9 厘米，青花色泽浓艳，青中泛紫。圆唇，束腰，平底，满釉。底釉青中泛白，口沿之下有“大明嘉靖年制”官窑款字样。上腹部为四朵壬字形云纹，束腰部为梅花纹，下腹部的上层与下层为如意纹，中间绘有两条于云雾之间追逐火球的龙纹，双龙隙地加饰朵云。龙在跳动，云在漂流，画法古拙，描绘自然，整个画面充满了生气。

典型的嘉靖御窑青花瓷器是以西域“回青”混以江西上高县的“石子青”为原料，呈现蓝中泛紫的鲜艳色调，这是嘉靖朝青花的主要特征。青窑烧好的瓷器，选择好的上交，次品留作民用，这虽说是官窑剥削民窑的一种方法，但官窑在制瓷材料、工匠，以及质量和技术上都占绝对优势。“官搭民烧”的制度使民窑瓷器产量和质量比以往有了明显提高，官窑专用的“回青”也得以流向民间，官、民窑之间界限也变得不像明初那样分明了。

随着商品经济的发展和海外贸易的迅速扩大，嘉靖、隆庆、万历、泰昌 4 个时期瓷器产量空前大增，产品造型更加多样，这一时期也是景德镇民窑发展速度最快的时期。其中，嘉靖时期瓷器生产量在明朝最多，总计达 100 万件。根据景德镇的考古发掘，发现一个特别有意思的现象，从洪武到正德，官窑场的落选品均打碎集中处理，而嘉靖及以后则未发现这种情况。有专家认为，这意味着当时相当数量的官窑窑场产品和官搭民烧产品可能会通过各种途径流向市场。

形似葫芦的瓶式，自唐以来即为传统器形。在中国古代神话传说中，葫芦被认为是天地的缩微，民间将其视为避邪镇妖之物，同时葫芦又是多子多福的象征。加上葫芦谐音“福禄”，“福”又指福神，“禄”指官职禄位，有祈福求祥之意。

嘉靖皇帝朱厚熜年少登基，锐意改革，明王朝实现了第二个中兴。“壬寅宫变”后，嘉靖帝开始深居后宫，笃信道教，迷恋长生不老的丹术，四处寻求长生不老的仙药。装置仙丹的器物多为葫芦，带有道教色彩的葫芦瓶因而盛行一时，生产规模空前。有四棱、六棱形葫芦瓶，直口、撇口、带盖葫芦瓶及上圆下方葫芦瓶等，烧造较多，且形制多样，葫芦瓶成为嘉靖时期典型器物之一。

据专家推断，青花葫芦瓶口沿下虽有官窑款，但制作工艺与民窑产品差不多，应为“官搭民烧”的产品。“官搭民烧”不仅保证了官窑产瓷任务的完成，也使从事商品生产的民窑迅速崛起。

伍陆

明五彩凤穿牡丹纹罐

浓艳之中万种风情

在中国瓷器鉴赏中，素瓷和彩瓷代表着两种截然不同的审美取向。

明清时期彩瓷的发展和盛行，使中国古代陶瓷进入了一个争妍斗丽的新时期。

釉上彩绘瓷发源于北齐，成熟的器物始见于唐代长沙窑，宋代磁州窑则将釉上彩这一工艺技术发扬光大。北宋时期，北方著名瓷窑磁州窑所烧造的白底黑彩、白釉红绿彩、白釉绿彩等品种，无疑是明清五彩瓷器的先声。据目前的实物资料证明，金代磁州窑系烧造的釉上红、绿彩瓷器是最早的釉上五彩瓷器。明中晚期，五彩瓷的制作达到了较高水平。明代以后，中国的瓷器生产从以素瓷为主转为以彩瓷为主。

五彩瓷器成熟于明代，是明代嘉靖、万历时期瓷器生产中最为著名的品种，从明清至今，颇受人们喜爱。五彩瓷并非一定要有五种色彩，施彩的多寡往往依据整体装饰效果而定。

镇江博物馆收藏有一件购自文物商店的明五彩凤穿牡丹纹罐，高 13.3 厘米，口径 4.5 厘米，底径 10 厘米。翻唇，短径，溜肩，鼓腹，平底。肩部饰缠枝莲花，腹部描绘着翩翩飞舞的彩凤穿梭于牡丹之间，色彩浓艳热烈，纹饰华丽优美。画工精细，釉色鲜亮，堪称精品。

在中国古代传说中，凤为百鸟之王，象征天下太平。牡丹为花中之王，寓意富贵。民间常将以凤凰、牡丹为主题的纹样，称为“凤穿牡丹”“凤喜牡丹”或“牡丹引凤”等。凤穿牡丹被人们视为祥瑞、美好、富贵的象征，表达了人们对太平富贵的向往。

五彩凤穿牡丹纹罐使用的颜色有红、绿、黄、紫等，构成了一幅五光十色、绚丽多彩的画面，专家认为，此罐应为明代万历时期民窑中的富贵佳器。

五彩瓷的出现是在继承和发展传统彩绘瓷的基础上逐渐形成的。在已烧成的瓷器上，用多种彩料绘画图案花纹，再入窑以低温第二次烧成，即为五彩。

五彩瓷器的精美依赖于整个制瓷过程，从制坯、烧成、彩绘、二次烧成，环环相连，一丝不苟。绚丽丰富的色彩特征，是绘制工艺创造的结晶。明清时景德镇制瓷分工很细，据《景德镇陶录》记载，仅彩绘一项，就有“乳颜料工、画样工、绘事工、配色工、填色工、烧炉工”各工种。每工各司其职，确保器物达到纯熟致精的境界。这种分工制度有力地保证了彩瓷的工艺质量。

明代所有皇帝中，万历朝历时最长，达48年，也是大明王朝由盛转衰的关键时期。此朝瓷器，数量巨大，器形十分丰富，尤以五彩瓷器的生产达到较高水平，在国际上素负盛名。

五彩瓷器的流行，主要有两个原因。一方面是由于万历时期原本来自西域的回青料已断绝；另一方面是因为明末隆庆皇帝放开海禁，大量白银以贸易的形式流到中国，商品经济的繁荣刺激了手工业的发展，五彩瓷器的“绿肥红瘦”恰好代表了整个社会对审美的改变。瓷器从素色世界走向了彩色世界，打破了明初永乐、宣德以来纯用青花一统天下的瓷器模式。

明代五彩瓷器经过数朝的发展，到嘉靖、万历时已然相当成熟，质量和数量蔚然可观，开创了五彩瓷制作的新局面。万历朝的釉上五彩与嘉靖时期的五彩色彩多有相同之处，以大红大绿、施彩繁缛为基本风格，对比强烈，装饰繁密，色彩壮丽，制作工艺和造型亦大同小异，因此经常被归于一类器物。但嘉靖五彩多用孔雀绿彩，万历五彩则否，这是两朝五彩器的主要区别。

中国古代瓷器的产生和发展，经历了从原始瓷器到成熟的青瓷、由青瓷发展到北朝白瓷、由白瓷发展到彩瓷的历史阶段。将近两千年的历程中，中华文化艺术史与制瓷史难舍难分，相伴成长。

伍柒

铁画《溪山烟霭图》

中国山水画的另一种形式

铁画，是用铁片和铁丝锻打焊接成图画的一种工艺品，也是中国工艺美术百花园中的一朵奇葩。艺人以锤为笔，以铁为墨，以砧为纸，锻铁为画，既有国画、水墨画之境，又有强烈的艺术立体感，黑白分明，苍劲凝重，被称为“巧夺万代所未有”。

铁画又称铁花，以低碳钢为材料，将铁片经过剪花、锻打、焊接、退火、烘漆等多道工序制作而成，一般涂成黑色或棕红色，普遍认为由清初安徽芜湖铁工汤鹏创设。

芜湖自古冶铁业发达，为芜湖铁画的诞生提供了有利条件。汤鹏，字天池，祖籍溧水（今属南京），康熙年间侨居安徽芜湖，以打铁为生，曾与新安派画家萧云从为邻。他一有空就去看萧云从画画，但萧云从瞧不起铁匠汤鹏，经常对其呵斥嘲笑。汤鹏发愤创意，自己试验以铁片仿制书画，经剪、锻、焊漆等工艺程序制成铁画，形成了一门别出心裁的金属工艺。其冶铸技术高超，兰竹草虫，惟妙惟肖，展现出了幽深的意境。汤鹏尤擅山水大幅，落笔瘦劲简洁、风格冷峭奇倔，终成一代铁画宗师。

镇江博物馆工艺品展厅里展出了一幅《溪山烟霭图》，正是“铁画之祖”汤鹏的作品。整幅画长 140 厘米，宽 76 厘米，构思严谨，富有变化。远山重峦叠嶂，烟霭飘绕山间，层林深处亭台楼阁，若隐若现。脚下河流开阔浩渺，舟楫往返；岸上杨柳依依，农舍临水倚树；一座虹桥飞跨，桥上二人站立，互相作揖礼让，不禁让人猜想，或许是隐居在山中的高士迎接来访的友人吧。

刚劲的铁线，刚中有柔，粗细交融，与水墨画山水相比，毫无逊色之处。图的右上角自题“溪山烟霭”图名，左上角落款“汤鹏”二字，其下有两方印章，一为“天池”，一为“汤鹏之印”，字体刚劲挺拔，遒劲有力。

画法清新简洁，仅用寥寥数笔勾勒人物形态，以大块的布白表示河流，既调剂了画面布局上的疏密，又把画境引向幽沓深邃之处，给人以河山无尽之感。上虚下实，远疏近密，小桥流水，互映成趣。虽然图中景致仅以铁线勾勒，仍能给人一种“发思古之幽情”的空灵脱俗之感，使欣赏者油然生出归隐田园的内心向往。

画作各处的点线面，皆形象自然，气韵天成，显示出汤鹏高超的锻打、焊接技艺和绘画功底，正是“百炼钢化为绕指柔，直教六清归洪炉”，以至于时人将他的技艺神化了，谓其能“随物赋形，无不如意”。

汤鹏制作的铁画，有山水、人物、花鸟、树木等，早在雍正年间，梁同书就已记载，流传于世的汤鹏作品“多径尺小景”，而山水大幅，“世罕得之”，迄今仍有人慨叹：汤鹏的铁画“未见有款的精品”。镇江博物馆能够收藏这样一件有汤天池落款的山水大幅《溪山烟霭图》，足称无憾。

铁画凝结着中华民族几千年来的智慧与创造。清代康熙年间，安徽芜湖铁画才自成一体，并逐渐享誉四海。经过 300 多年的传承和发展，在传统形式的尺幅小景、画灯、屏风等基础上，又创有立体铁画、盆景铁画、瓷板铁画、纯金和镀金铁画等，以其独特的艺术风格和魅力，在艺坛独树一帜。

镇江博物馆的这幅铁画《溪山烟霭图》，借鉴国画的水墨、章法、布局、线条，既有国画黑白相间的风韵美，又有西画层次分明的立体美，实是一件匠心独具的工艺珍品。

伍捌

查士标行书七言诗扇面

一室之外，山水而已

明清时期，我国文学艺术繁荣兴盛，书画市场日趋完善，出现了许多富有特色的流派与个性强烈的画家，特别是江南，画家辈出。

画派的划分往往以地域为界，仅安徽一地就有新安画派、黄山画派、姑孰画派等。新安画派由一群在徽州（徽州又称新安）区域的画家和当时寓居外地的主要的徽籍画家组成，善用笔墨，借景抒情，强调画家的人品和气节，画风枯淡幽冷，具有鲜明的士人逸品格调，以徽州府歙县人弘仁（渐江）、休宁人查士标、汪之瑞和孙逸为代表。因徽州一带古属新安郡，故此四人又被称为“新安四家”。

镇江博物馆收藏有一套民国金融家袁左良捐赠的明清两朝名人书法扇册，内含明清两朝名人书扇面计30人作品，代表人物有陈淳、邢侗、董其昌、娄坚、朱之蕃、查士标、改琦等。扇面纸本墨笔，每页纵16.2厘米，横50厘米，各家作品，各呈风范。

其中一页为查士标行书七言诗。扇款题“查士标”，钤“士标”朱文方印。行笔俊逸豪放、神韵深邃。诗书相得益彰，具有很高的欣赏价值。

查士标（1615—1698），字二瞻，号梅壑、梅壑散人，自号后乙卯生，明末秀才，清初著名画家、书法家和诗人。查士标出身于名门望族，家境殷实。志谱有载：查士标少年时天资聪睿，勤奋好学，曾有“查文学”

之美誉。其“家藏有钟鼎彝器和宋元书画真迹”，因而少时即练就了仿元人画作几可乱真的功夫。家富收藏，也造就了他精于鉴别的本领。

早年的查士标特别敬服董其昌，因恰巧生年与董其昌同干支，故又号曰“后乙卯生”。明亡后，他入仕、扬名的理想破灭，便主动放弃了举子业，流寓扬州，工研书画。由于他生活富裕，因此性格中多了些潇洒飘逸，甚至玩世不恭的因素。

查士标的书法师承董其昌，风格俊逸萧散，以行书、草书见长。擅山水，与渐江一样从学倪云林入手，后来他居扬州时仍然关注渐江的画作，并虚心向渐江学习。后参以米芾、米友仁、黄公望、吴镇、沈周、董其昌等人画法。其山水画，笔墨疏简，惜墨如金，风神懒散，气韵荒寒，他还常常在画上自题“拟云林笔意”“仿倪云林法”等。传世作品有《云山图》《空山结屋图》《秋林远岫图》《云山烟树图》等。

据传，查士标常常白天睡觉，晚上作画，“说者谓其晓起最迟，凡应酬，临池挥洒，必于深夜，不以为苦。八十余，尚童颜”。他自号“懒标”“散人”“不求闻达，一室之外，山水而已”。其中“懒标”之号便是借鉴了倪云林的“懒瓒”之称。由于他天性聪慧，并且在扬州多与王翚、恽寿平、笪重光、孔尚任、石涛等当时画坛和文坛名流结交，相互切磋，转益多师，因此他的绘画风格多样，面貌不一。其山水主要有两种艺术风格：一种笔墨纵横、粗放豪逸，多以水墨云山为题材。另一种笔墨尖峭、枯寂生涩，以仿倪瓒山水为主。

除书法、绘画外，查士标还善写诗。73岁时，他还在扬州与孔尚任、龚贤、石涛等参加春江诗社，著有《种书堂遗稿》。

查士标与镇江也曾结下不解之缘。因追慕择居镇江40年的北宋书画大家米芾，查士标寓居扬州时，曾与王翚、笪重光、恽寿平等人结伴来镇，常游金山、焦山、北固山，在此地盘桓三四年，寄情于城市山林、三山美景之中，写字作画，饮酒赋诗，进行艺术交流切磋，成就一段佳话。

伍玖

八大山人花鸟手卷

至美至纯，率意而为

八大山人，清初“四僧”之一，清代画坛上最具传奇色彩的人物。“扬州八怪”、吴昌硕、张大千、齐白石、潘天寿，代代因袭，均受八大山人的强烈影响。

八大山人原名朱耷，明太祖朱元璋第十七子朱权九世孙，奉国将军朱多炡孙，袭封为辅国中尉，世居南昌城。能诗文，善绘画书法。生于明朝天启六年（1626），卒于清朝康熙四十四年（1705），出家后，法名传綮，号刃庵、个山、雪个、驴屋、灌园老人、八大山人等。

他一生坎坷，经历了从宗室贵胄到亡命之徒，从佛门弟子到入世还俗，再到落魄文人的天翻地覆的变化。在“甲申国亡”之时，八大山人先遭父丧，不数年，妻与子皆亡。后又迫于清政府的剃发令，不得不削发为僧，从此开始了“谈空说无”的禅林生活。起初在进贤县介冈出家，后到奉新县，在临川县还俗，复归南昌。“国亡”与“家破”双重灾难，颠沛流离的苦难使八大山人先哑后癫，几近疯狂。

镇江博物馆收藏的八大山人花鸟手卷，画心纵 26 厘米，横 471 厘米，墨笔纸本。原藏镇江市焦山古物馆，后拨交镇江博物馆珍藏。

此花鸟手卷，笔墨放浪，墨韵生动，构图极为简洁，用笔圆润、厚重、老辣，是八大山人传世作品中的代表佳作，为国家一级藏品。该卷构思简洁、奇巧，兰、荷、榴、果写重阳景致，鸦、石、鹌鹑富人格化意味，通幅布局疏密有致，画面组之间呼应对照，浑然一体，用墨富于变化，淋漓的泼墨与简洁的勾勒产生了强烈的黑白对比，突出反映了他率意而为的艺术追求。

起首钤“艻艾”长方朱文印，卷末署款下接“可得神仙”“八大山人”两方白文印。卷尾署“昭昜大梁之重九日画 八大山人”。题款“昭昜大梁之重九日”，昭昜大梁为清癸酉年，即康熙三十二年（1693），此时应属八大山人晚年期，时年69岁。

康熙二十七年（1688）至康熙四十四年（1705）是八大山人的晚年期,此阶段八大山人废用其他一切名号，在署名上只落“八大山人”款，所以也称作“八大山人”期。画作出现了大量的以“石”为主景的作品，如鸟石、鱼石、猫石、鹿石、蕉石、荷石、松石等，体现了凝重、冷峻、朗润、含蓄、静谧的特征。

八大山人的构图以线条表现轮廓，而形体的内部往往留出一定的空白，形成一种向外扩张的形式张力，因而有恢宏、博大之感。此卷中运用了大量V字的构图，雏鸡、兰花、山石、鸦与鹑、花朵均是波浪形连缀的V字。这种三角形的铺设独具巧思，传达出物象的各自独立与相互关联，不论是从画面顶端突然插入的单独的叶片，还是从画面底部蔓延开来的花枝，均能牵动整个画面的动势。这幅手卷中的雏鸡、屹立山石的孤鸦、山脚寻食的鹌鹑，延续了八大山人的“单脚”与“白眼”，雏鸡以微小的存在而自怜，孤鸦不以站立危石而恐惧。画面上下均衡，充满流动的变化感。

八大山人花鸟手卷（局部）

何绍基在《题八大山人双鸟图》中说："愈简愈远，愈淡愈真。天真鑿古，雪个精神。"八大山人的花鸟画虚实相生，境界空灵。画中寥寥数笔，残枝、寡山、孤鸟、立石，便给人以丰富的联想，展现出一种幽深玄远、超旷空灵之美。

1985年，八大山人被联合国教科文组织命名为中国古代十大文化名人之一。

镇江博物馆藏八大山人花鸟手卷是八大山人晚年期的代表佳作，高贵矜持的意境超脱了以往的突兀奇异，真实记录了其由宗室遗民心境到平静思考生命价值的心路历程。跨越时空的八大山人书画艺术，释放出巨大艺术能量，辐射出璀璨的艺术之光。

陆零

张玉书书法《游西山寺》

磅礴雍容，变化从心

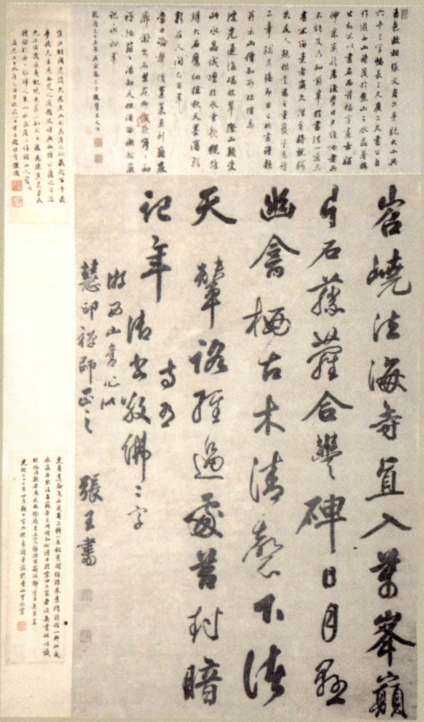

康熙五十五年（1716），由总纂官张玉书等30人花了6年时间编成的第一部正名为字典的《康熙字典》面世。康熙皇帝看后曾说这部书“善美兼备”，可奉为“典常”，因此命名为“字典”。张玉书，这位清朝康熙年间的文华殿大学士，是镇江人的骄傲。

张玉书，字素存，号润甫。明崇祯十五年（1642）六月二十六日生于丹徒。自幼颖悟绝人，熟读春秋三传，尤精于史学。顺治十四年（1657）参加乡试中举，年仅15岁。顺治十八年（1661）参加会试、殿试，成进士，时年19岁。历任翰林院编修、国子监司业、侍讲学士，累官至文华殿大学士兼户部尚书。

在任期间，张玉书辅佐康熙帝治理朝政，清正廉明，国泰民安，被誉为“太平宰相”。直至康熙五十年（1711）寿终正寝，享年69岁。康熙皇帝亲书挽章，加赠太子太保，谥号“文贞”。张玉书一生正直不阿、办案严明、秉公守法，深受康熙帝的信赖。康熙帝亲征噶尔丹时，张玉书是随行的唯一汉臣。

世人只知张玉书政绩显赫，文才超群，而鲜知其善书法。据记载，张玉书幼时曾于镇江焦山读书，焦山摩崖、碑林的名人石刻成为他临摹学习的极好范本。江左形胜的自然风貌、绚丽独特的风景名胜、深厚广博的文物古迹，加上不胜枚举的历代名人歌咏镇江的山水之作，给张玉书的诗文以很大的启迪。张玉书19岁赐进士后，即成为庶吉士，根据清代翰林院庶常馆制度规定：“要选进士中优于文学书法者，方能入庶常馆学习，成为庶吉士。”可见他年轻时书法造诣已经很深。

镇江博物馆珍藏有张玉书书法墨宝六幅，是研究张玉书书法艺术和诗文才华十分珍贵的文物资料。其中一幅《游西山寺》书法作品，是张玉书赠给镇江焦山慧印禅师的，诗文为：“岧峣法海寺，直入万峰巅。片石藤萝合，丰碑日月悬。幽禽栖古木，清磬下诸天。荦路经过处，苔封暗记年。”墨宝纸本墨书，纵 139.4 厘米，横 69.5 厘米，原藏于焦山水晶庵，后被镇江博物馆收藏。书法磅礴雍容，字字刚劲有力，观之隐然一股浩然正气直扑人面。

乾隆三十五年（1770）三月，“淡墨探花”王文治于焦山寺得观此卷，大加赞赏，并为之题跋，表达了对张玉书的敬重及对其书法艺术的肯定。跋成之后与张玉书行书合裱成一轴堂幅，更使此幅锦上添花。光绪二十二年（1896）四月，著名鉴赏家宜兴人陈任旸在焦山观此幅后也对其倍加推崇，盛赞张玉书书法“在苏黄之间，因知公得力于宋四家者深矣”。意即张玉书的书法可与“宋四家”（苏轼、黄庭坚、米芾、蔡襄）相媲美。

张玉书的书法远学晋人王羲之、“宋四家”，近学元代赵孟頫和明代董其昌，因此，他的书法既有晋、宋风范，又深具赵、董精髓。他曾在别人的一幅书法作品后题跋曰："自晋唐以迄后代，凡属能书之家，悉皆虚怀临仿，而经纬在手，变化从心，挥毫独运，包举众美，所临旧迹原本尝百倍过之。"这正是他学习书法的经历与心得。

张玉书的作品少则数十字，多达千余字。短者小中见大，气势非凡，诗文婉丽，字体秀逸遒劲，内刚外柔，气韵从毫端流溢而出，飘逸舒适。长者通篇行气贯通，字里行间呼应贯气，笑声势稳健，笔法纵横自如，风格鲜明。

张玉书一生品性端洁，由他主持编纂的《康熙字典》为后世传用，其书法艺术亦为镇江历史文化增添了浓墨重彩的一笔。

陆壹

禹之鼎《蒹葭书屋图》卷

造境幽雅，挺健流畅

作为中国画的重要组成部分，人物画的发展一直领先于其他题材。清代画家禹之鼎以精绘肖像著称，誉满京师。相传康熙年间的名臣硕学时常请其图写小照，“一时名人小像皆出其手”。

禹之鼎（1647—1716），清初著名人物画家，字上吉（也有作尚吉、尚基、尚稽），号慎斋，江都人。工人物，幼师蓝氏，后出入宋元诸家，遂成一家。他本籍扬州府兴化县，后寄籍江都（今江苏扬州），常自署广陵人。

禹之鼎自幼在李姓人家当童仆，绘画启蒙便源自其主人。从著录及传世作品看，禹之鼎曾临摹过许多唐宋元绘画，符合“后出入宋元诸家，凡临摹旧本无不乱真，又善写照一时称绝”之记载。通过临摹，他很好地掌握了古代传统绘画技法，“遂成一家法”，形成了自己的独特风格。

清康熙二十年（1681），禹之鼎入京师，官鸿胪寺序班，以画供奉入畅春园。鸿胪寺是专司朝贺庆典礼宾的机构，“序班”是掌管百官班次的官员，官位从九品。当时清朝国力强盛，藩属、外邦不断派人前来朝贡，他们均由鸿胪寺接待，每次来朝觐见的主要官员，都要由画家绘肖像留底，禹之鼎便主要绘制肖像。例如康熙二十一年（1682）秋八月，汪楫等出使琉球，禹之鼎随行，肩负绘像的使命。禹之鼎出色地完成了任务，获得了声誉，史载“随册使至琉球，名播中外”。

现藏于镇江博物馆的《蒹葭书屋图》卷，全长1180.3厘米，画心纵42.3厘米、横159.8厘米，绢本设色。卷首“六谦”朱文方印、“万境甲如一山叡”朱文长方印，卷尾“禹之鼎”白文方印、“慎斋”白文方印。左上十行行书：“紫渊先生属写蒹葭书屋图，余爱其意致修远，不觉技痒，漫拟赵令穰《江村清晓图》笔法，未知于法荡之意有合否，幸主人教之。禹之鼎。”卷首有陈六谦题，卷尾有潘耒、魏坤、查慎行、汤右曾等20多人题跋。

画心右上三行篆书自名“蒹葭书屋图”。根据陈六谦题该画创作于清康熙庚辰年，即康熙三十九年（1700），又“禹之鼎”名后钤白文方印“禹之鼎”“慎斋”，据专家推断，此画应作于1698年左右。1700年，禹之鼎50余岁，正当创作高峰，该画绘蒋紫渊蒹葭书屋，造境幽雅旷远，气象萧疏，人物衣袂飘举，线条流畅，情态刻画极为传神，与禹氏中年时期挺健流畅的画风相符，为禹之鼎传世画作之至精作品。

从禹之鼎题中所写，可见禹之鼎在创作这幅作品时，完全是有感而发。与贵官邀画的拘束相比，此作更具画家自我理解与艺术创作的空间，更具生活的意象。

禹之鼎的肖像作品注重形神兼备，不只描绘正襟危坐、神情端庄肃穆的高官显宦，更是通过一定的环境来表现人物丰富的思想感情，其画风、用笔有一个发展演变的过程。初步总结，40 岁之前运笔徐缓，笔法细劲，圆转而不够灵活，缺少变化；40 岁到 60 岁，笔法逐渐由细秀圆劲的游丝描向挺健流畅、略带方折的方向发展，略带兰叶描笔法；60 岁后放开笔墨，行笔流畅灵动，笔法沉着精炼，代表了禹之鼎绘画艺术的独特风格。

《蒹葭书屋图》卷不论是画面布局，抑或意境深度，都突出表现了禹之鼎作品的艺术特色，代表了画家中年时期的创作高度，赋予观者丰富绝妙的美感、意境悠远的遐想。

陆贰

清蓝孟《春山诗话》轴

疏密错落，精细潇丽

艺术世家作为一种特殊的艺术现象，在文化史上一直被作为佳话流传。清代比较典型的绘画世家有17个，主要集中分布于清前期和中期的苏南，以及浙北环太湖经济发达地区，具有十分明显的时空分布特征。

镇江博物馆收藏有严忠婉女士捐赠的蓝孟《春山诗话》轴1件，绢本设色，画心纵184厘米，横90.5厘米。画款题："春山诗话，王叔明笔意，摹于城曲节堂，蓝孟。"钤"西湖蓝孟"白文方印，"次公之"朱文方印。

蓝孟约生于1644年，卒于1722年，字次公，一字鸾，浙江杭州人，画家蓝瑛之子。蓝瑛是浙派三大巨匠之一，又是武林画派的开山鼻祖，蓝孟在很多方面继承了父亲。出自名门的他从小就才华出众，跟随父亲遍阅名家宝迹，眼界弘远，在家庭的文化氛围熏陶下，于书法和绘画两个领域均有很高成就，尤以绘画著称于世。

蓝孟活动于明崇祯初年到清康熙、雍正年间，画坛上此时以泥古为尚，作画也多以临仿古人为荣。蓝孟十分注重摹古，尤其醉心于"元四家"的研究。与其父相比，蓝孟的作品在笔法和结构上都显得松散，画风疏秀有余而苍劲不足，更多地体现了蓝瑛早期的绘画风格。蓝孟仿倪瓒、王蒙的作品比蓝瑛更能体现元人的境界。

《春山诗话》轴，仿黄鹤山樵笔意，用笔疏密错落有致，构图稳重，很有气势，是蓝孟的精心之作。“黄鹤山樵”是元代画家王蒙的号。王蒙作为“元四家”之一，其作品代表着元代山水画的最高成就。王蒙绘画用墨厚重，构图繁密，善画江南林木丰茂的景色，精细潇丽，千变万化，极显笔墨魅力。他用繁皴复染的笔墨技巧创作的全景巨障式的山水佳作对后世影响巨大，明代以后山水画大家，从董其昌、恽寿平到“四王”，乃至到近现代的山水画名家，无一例外地都有以“仿黄鹤山樵山水”为题的作品。“仿黄鹤山樵”这几个字出现的频率之高，已成为中国绘画史上的现象。虽然王蒙的传世作品不多，但学山水画的画家几乎都要临摹王蒙的作品，以提升自己的创作水平。只要是看到哪幅画作上题有“拟黄鹤山樵笔意”，那绝对就是向王蒙学习致敬的作品，蓝孟这幅《春山诗话》轴也不例外。

蓝孟绘画喜欢大轴、巨幅，落笔纵横奇古，气象崚嶒，放手画来，一气呵成，彰显出名家子弟的风范和气势。《春山诗话》轴尺幅巨大，楼阁树石、清溪飞瀑、小桥流水、古松高士，无一不有，笔笔入古，显示出蓝孟博涉多能的艺术表现力。

现存蓝孟作品不多，传世作品有康熙二年（1663）

作《洞天春霭图》轴、康熙三年（1664）作《梅花书屋图》轴，现藏浙江省博物馆；康熙三年作《仿王维江干垂钓图》流入日本；同年作《秋林逸居图》轴藏旅顺博物馆；《秋山觅句图》图录于《唐宋元明名画大观》；康熙七年（1668）作《仿古山水册》藏上海博物馆；《庐山高峰图》轴藏南京博物院；《溪山秋意图》轴藏故宫博物院。

陆叁

蓝深《青绿山水图》轴

空间广阔，虚实相当

清代杭州古城，蓝氏一家以丹青驰名，人才辈出。家族中最著名者就是开宗立派的大画家蓝瑛，他开创的“武林派”，惠及子孙。

蓝家是丹青传家，蓝瑛的子孙中，其子蓝孟，孙蓝深、蓝涛，族孙蓝洄等，都继承家学，成为当时画坛的佼佼者。其孙蓝深，作为一个“画三代”，上有祖父蓝瑛、父亲蓝孟的余荫庇护，自身又有才华和技艺，在当时的杭州城，名盛一时。蓝深生卒年不详，字谢青。能诗善画，为人洒脱，颇有文采。工山水，亦善书法，得其家传，画风较蓝瑛的山水更为错综复杂，又自得其巧。

蓝瑛的传世作品较多，这为研究其绘画艺术风格提供了较丰富的资料。然而，其子蓝孟的作品不足10件，至于蓝深、蓝涛的存世作品更少。

镇江博物馆有幸保有蓝深《青绿山水图》轴一件。绢本设色，画心纵179厘米，横50.4厘米，严忠婉女士捐赠。款题：“钱塘蓝深。”钤“蓝深之印”朱文方印、“谢青”白文方印。画心右下角钤“歇雪庐”白文方印。左下角钤“半丁审定”白文方印、“山阴陈年藏”白文方印，另一印残，难以辨识。

此幅山水既体现了蓝深继承了家学武林派画风，又不被其束缚，在广采博学的基础上对武林派画风有所探索、发展和创新。构图基本采用传统的平远、高远、深远之法，使画面层次分明，有透视感，空间广阔，使观者心旷神怡。虚实相当，或右实左虚，或左实右虚，有元人倪瓒之构图意境。

除继承家学的青绿山水外，设色更别具一格，以墨色为主，再稍加石绿、浅绛或赭色，或加点淡蓝色，使画面更透明清晰；远山稍加淡蓝色，既表现山越远越蓝的实际情况，也表现出作者观察细致、体验深刻，逼真的画面将作者与观者的情感融合在了一起。

此幅青绿山水，用笔强劲，敷色浓丽不俗，为蓝深的代表作品。

蓝瑛晚年定居杭州之后，其从学者颇众，到了蓝深成长的年代，浙派和院体逐渐趋于没落。当时的画坛，吴门画派风格的影响力和号召力都已非同小可。蓝深对画坛时风非常敏感，在武林派的基础上，他及时把握画坛脉搏，与时俱进，取法于吴门派，学习黄公望、沈周、董其昌等炙手可热的画坛前贤笔意，并作为蓝氏家学传人，创造性地继承和发展了蓝瑛开创的武林派，展现出了非凡的灵气和才华。

蓝深的传世之作相对罕见，此画左下角钤“半丁审定”之印，更显珍贵。半丁，即陈半丁（1876—1970），原名陈年，字静山，号半丁。在中国画坛享有崇高的声誉，其高超的绘画理论也使其收藏具有极高的品位。他的收藏品丰富，对宋元明清各朝大家均有收藏，藏品档次之高在20世纪享誉大江南北，与苏州的吴湖帆被誉为“南吴北陈”。近年来陈半丁的收藏品屡屡在国内各大拍卖公司上拍，买家多因陈半丁的学识而认定其收藏。“半丁审定”的印章一度成为古代书画价格飙升的主要依据。

毫无疑问，就山水画艺术造诣而言，“武林派”很好地传承了元代文人画的特色，蓝氏的绘画在一定程度上丰富了武林画派的经典面貌，无论是在绘画风格还是笔墨意境上，都具有其独特性。蓝瑛的画法宗宋元诸家，得力于沈周最多，蓝深继承祖父蓝瑛的衣钵后，又从文人画中学来干笔淡墨的含蓄画法，柔和了蓝瑛苍老蓊郁的气息，兼采侧锋细笔而弃浓墨，使得画面气氛更为融合，这也是蓝深的过人之处。

陆肆

姚宋《山斋清寂图》轴

墨法苍润，闲适淡然

中国美术史学家高居翰被誉为“最了解17世纪中国绘画的美国人”，他在《气势撼人：十七世纪中国绘画中的自然与风格》一书中指出：“即使在世界艺术史上，欧洲19世纪以前的画坛，也都难与17世纪的中国画坛媲美。”

明末清初的中国，王朝交替、动乱四起。然而，在艺术史上，这段动荡不安的时代却是画家创作力最旺盛的时代之一。清初画坛的重镇在徽州，新安画派是其核心。

由清初最富个性的山水画家之一弘仁（别号渐江、梅花古衲）领军的新安画派，包括查士标、戴本孝、程邃和弘仁弟子姚宋、祝昌等书画家。他们都是明末遗民，重视气节，寄情书画，绘画风格趋于枯淡、幽冷，体现出超尘拔俗和凛若冰霜的气质。从内容到形式不断推陈出新，抒发胸中逸气，为崇尚摹古的清初画坛带来了无限生机。

镇江博物馆藏有一幅姚宋《山斋清寂图》轴，纸本设色，纵127厘米，横54.4厘米。款题：“戊辰九月拟仲圭笔意，丽文先生教正，黄山野梅姚宋写。”钤“姚宋之印”朱文方印、“羽京”朱文方印。画右上方钤“林士梅”白文方印。此幅山水，构图稳重，用笔方中带圆，设色浅绛淡雅，意境空灵平和，笔意简洁清逸。画面山峦巍然，山势延绵，山间茂林草阁，小桥流水，构成一个高度理想化的山间景观模式空间。画中的屋舍，前临山溪，背依山壑，环顾四周，皆为丘峦，呈现出小径、草阁、围谷、丘壑的世外桃源景象。

该画在技法上严谨精密，用笔凝练劲健，墨法苍润深厚，特别是以枯笔干擦，层层点染，使作品饱含生机、闲适淡然，表现了江南山水的浑厚、苍秀和明丽。根据画中题款，可推知此画作于康熙二十七年（1688），姚宋41岁，是其壮年时的绘画代表作品。

姚宋（1648—1721），字雨金、羽京，号野梅，安徽歙县人，寓居芜湖。能诗、书，尤擅画。山水、人物、花鸟、虫鱼、兰竹无不精妙，而且能用指尖、木片、西洋编纸作画。

以渐江为代表的新安画派在清初画坛及书画市场上备受赞赏。姚宋被称为渐江“四大弟子”(江柱、吴定、祝昌、姚宋)之一，他的山水初学渐江，但渐江去世时，姚宋仅16岁，亲承渐江教授的机会并不太多。后期他广学诸家，形成了自己的面貌。

姚宋传世作品以山水为多，主要有《黄海松石图》轴、《溪山茅亭图》轴、《秋山闲眺图》轴、《山水图》轴、《钟进士图》等。《山斋清寂图》轴极似渐江画，有清幽之气。相传姚宋还有在瓜子壳上绘十八罗汉之特技，从《山斋清寂图》轴细秀的用笔中可知此言非虚。

新安画派的异军突起，在当时很快形成一股较强的艺术潮流，显赫一时。受画派影响，追随者众多，在中国美术史上达到了一个新的艺术巅峰，对近现代甚至当代绘画艺术的发展影响深远。

陆伍

清高其佩指画《山雉图》轴

构图饱满，天趣盎然

传统中国画的创作工具主要是毛笔，但在画史上以其他工具代笔者也不乏其人。以指头、指甲和手掌蘸水墨或颜色在纸绢上作画，就是中国画的一种特殊画法。

指画，又称指头画、指墨画或手指画。最早的指画可追溯到唐代的张璪，唐代虽为指画的萌芽期，但未见记载“指画”这个词和有关手指作画的评论，更未见任何存世作品。至清代康熙年间，画家高其佩才将记载中的和手指相关联的画变成实际的指画作品，即以手指蘸墨代替毛笔作画，用指尖、指甲、指背、掌沿等不同部位着纸，画出不同质感的线条，既保持毛笔画的传统韵致，又具备了简约、刚健的特殊风味。

高其佩指画技法变幻莫测，充满自然之趣，刻画的物象清奇、简劲、浑厚，而神韵尤在纸墨之外。他为指画开宗立派，让指画正式成为一种独立的绘画模式。

现收藏于镇江博物馆的高其佩指画《山雉图》，设色纸本，纵 130 厘米，横 71 厘米。画中山雉立于山石之上，扬头立尾，营造出一种伺机而发的氛围，与画面上方的树木形成一动一静的强烈对比。山雉的长翎呈放射状开合，造型准确，构图饱满，笔墨天趣盎然。画家充分发挥了指头运墨狂放不羁的表现特点，用飞动残破的点线来表现山雉的气质。造型准确，构图饱满，层次丰富，线条挺健利落而富于变化。作者作画时手、指、甲、掌灵活变换使用的绝妙轨迹跃然纸上。款题："铁岭高其佩指头生活。"钤"高其佩印"白文方印。

高其佩（1660—1734），字韦之，号且园、南村等，铁岭（今辽宁铁岭）人。擅画花鸟、走兽、人物、山水，尤以指画为贵，享誉极高，影响较大，为当时著名指画家。清代张浦山所著《国朝画征录》中记载："高且园（其佩）善指画，画人、山水花鸟、鱼虫、鸟首，天资超迈，情奇逸趣，信手而得，四方重之。"可见高其佩指画造诣之高，影响之深。

高其佩生长在官宦人家，其父为广东巡抚高承爵，隶汉军镶黄旗，官至刑部侍郎。他 8 岁就开始学画，工诗善画，所绘山水人物受明代画家吴文炜影响较多，花鸟学元人陈琳、张守中。

高其佩师承吴文炜。吴文炜，字山带，号虎泉，后改为韦，南海大沥人，生于明崇祯初年，七八岁时就以能画著称于乡里。吴文炜在清初广东文人圈中，与"岭南三大家"拥有同等的声誉。

高其佩早年也曾用毛笔作画，但中年后因久未形成自己的风格，故开始弃笔用指，并有嫡传弟子朱伦瀚、李世倬等继承其指画艺术，逐渐形成了艺术风格偏于粗犷、古拙、奇崛的指头画派，对后世绘画的发展产生了深远影响。

指头作画，点线飞动，形象塑造生动有趣。指画以笔画作为基础，高其佩早年打下了用毛笔作画的基础，触类旁通，以指作画因此能得心应手挥洒自如。他的指画题材包罗万象，山水、人物、花卉、虫鸟，有的气势磅礴，有的刻画细微，创造了指画的各种表现手法，将“画尽意在”“意在画外”的中国画艺术风格发挥得淋漓尽致。留下的传世作品有指画人物册、杂画册，以及《松鹰图》《稻穗螳螂图》《怒容钟馗图》等。

指画的特点主要在于指墨的运用，不论线条或设色都比用笔作画更灵妙、变化多端。作为一种别出心裁的表现手法，指画经过高其佩的创造而独树一帜，标新立异又别具情趣，成为中国绘画百花园中的一朵奇葩。

陆陆

清高凤翰《梅花图》轴

独出机杼，个性鲜明

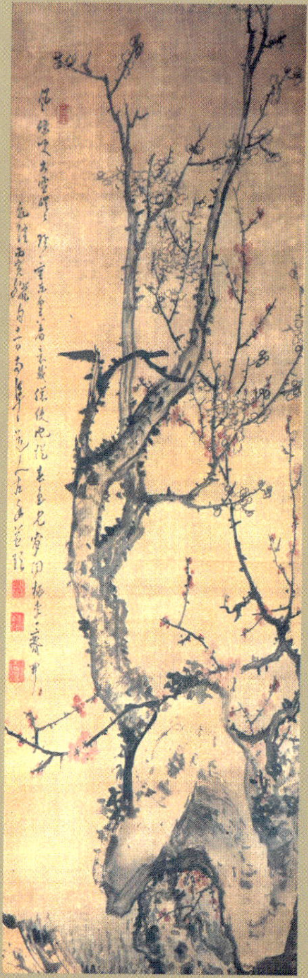

清代中叶，“扬州八怪”在中国画坛异军突起。“扬州八怪”并非只有八位画家，而是指高凤翰、华喦、边寿民、李鱓、陈撰、汪士慎、金农、黄慎、高翔、李葂、郑板桥、杨法、李方膺、闵贞、罗聘等清代中期活动于扬州地区的一批风格相近的书画家的总称，也称扬州画派。他们来自六省九府十三州县，有个共同的特点就是都在扬州繁华的书画市场上售卖自己的书画作品。

以“扬州八怪”为代表的扬州画派，作品无论是取材立意，还是构图用笔，都有鲜明的个性。

在“扬州八怪”之中只有一个北方人，即山东胶州人高凤翰。据说郑板桥最佩服的就是高凤翰，论实力高凤翰在“扬州八怪”之中应该排名第一。

镇江博物馆收藏有一幅民族实业家严惠宇捐赠的高凤翰《梅花图》轴，绢本设色，画心纵 120 厘米，横 46.7 厘米。图轴中怪石磋砑，老梅偃仰奇屈，红梅用红彩没骨点法，而绿花则用勾圈法，笔墨苍劲深厚。题款诗一首及“乾隆丙寅腊月十一日，南阜道人左手并题”。钤“高凤翰”“煮石山人”“师造物”白文方印三方。此画作于乾隆丙寅，即清乾隆十一年（1746）。

高凤翰（1683—1748），字西园，号南村、南阜、南阜山人、丁巳残人等，清胶州南三里河村人。生于书香门第，师从当时名儒李世锡。自幼受家庭熏陶，博览群书，从小就表现出过人的才华，9 岁就能填词赋诗。

当地人说起他来，人人都竖大拇指，夸高家出了一个神童。他 19 岁即为生员，但从 20 岁开始，连续三次参加乡试，都没有考中。

到了 47 岁，高凤翰才得到一个“修职郎”的八品小官，被派往安徽歙县任县丞。这个官可真是得来不易，高凤翰干得很卖力，取得了一些政绩，也受到了老百姓的爱戴。没想到，到任第二年，在官场派系斗争中，高凤翰就被诬称在一宗命案里收受贿赂 5000 金。后虽冤案得雪，但出狱的他对仕途失去了兴趣，去官为民，侨居扬州，开启了另一种生活。

高凤翰在花鸟画和山水画上的成就突出，他师古学画，然独出机杼，构图常常出人意料，个性鲜明。山水纵逸不拘于法，纯以气胜，兼北宋之雄浑，元人之静逸。花鸟画工整细腻，妙趣天成。人物画，造型准确，神态潇洒秀逸。此外，他还工书法，善篆刻，喜收藏，精鉴赏，曾收藏秦汉印章及明清名家印篆万余方，各制有谱录，又收藏砚石千百方，并制有铭词，手书后大半自行刻凿，有《砚史》《南阜集》等著作行世。

清乾隆二年丁巳（1737）五月二十五日，55 岁的他因右臂患痹病，改号尚左生、丁巳残人，遂隐退扬州，寄居僧舍，以左手赋诗作画为生。

从右手到左手的适应，高凤翰经历了一段痛苦的适应过程。他有一方印，上面刻着“一臂思扛鼎”，由此可见他坚强的意志。他在绘画方面，改工笔勾染为粗笔写意，纵横不羁，获得了比右手作画更高的声誉。而他左手的书法更是非同小可，将喜怒穷困、忧郁潦倒融于笔端，大书法家启功先生赞其为“胶西金铁”。

左手书画，具有更为鲜明的返璞归真特色，独具天趣。年过半百的高凤翰用左手征服了当时的画坛，成为“扬州八怪”之一，人们无不以拥有他的左笔书画为荣，连郑板桥都成了他的粉丝，曾评价他说：“用左手书画更奇。”

跌宕起伏的人生经历、诗书画印兼通的艺术修养、身残志坚的高凤翰获得了众多成就，其书法、绘画、诗作、篆刻及砚的研究成就均在中国文化艺术史中占有一席之地。

陆柒

清金农隶书《弟子职》轴

金石味十足的『漆书』

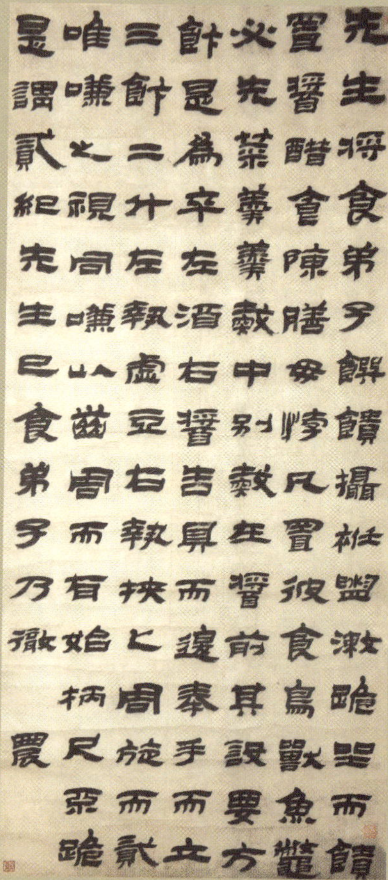

自隋唐以来，扬州即以经济繁荣而著称，尤以盐业兴盛，富甲东南。进入清代，经康熙、雍正、乾隆三朝发展，扬州成为全国的重要贸易中心。

“堂前无字画，不是旧人家”是扬州流传已久的一句俗语，富商大贾为了满足自己奢侈生活的需要，对物质和精神上的产品着力搜求。流风所及，中产之家乃至平民中稍富有者，亦求书画悬之室中，以示风雅，因此扬州不仅是东南的经济中心，也是文化艺术中心。

清朝康熙中期开始，扬州地区活跃着一批风格相近的书画家，史称“扬州八怪”。除了擅长诗画以外，“扬州八怪”大都精通书法和篆刻，他们的作品集绘画、诗词、书法为一体，不仅绘画达到了时代的高度，书法也求新求变。

镇江博物馆收藏有一幅金农的书法作品——隶书《弟子职》轴，纸本墨笔，画心纵 180.2 厘米，横 80.8 厘米，由陈斯白捐赠。隶书《弟子职》轴取材于《管子·杂篇》，是中国战国稷下学宫的学则，述弟子受业、应客、坐作、进退、洒扫、馔馈等仪节。此件堂幅书写了“馔馈”仪节，字体深得唐代李潮“八分书”神骨，整幅作品一丝不苟、工整沉厚，气势非凡。轴引首钤“与林处士同邑”朱文方印，款题“农”，无印，右下钤“己卯以来之作”朱文方印，左下钤“陈斯白”白文方印。

金农（1687—1763），字寿门，又字司农、吉金，有众多名号，如冬心、稽留山民、曲江外史、百二砚田富翁、荆蛮民等，浙江仁和（今杭州）人，寓居扬州，为“扬州八怪”之一。博学多才，善诗词，精鉴古，喜收藏，工书画。

金农出身于钱塘名门望族，少年时代是在闲适的读书生活中度过的。聪明早慧加上刻苦勤奋，让他年少即负诗名。21岁的金农负笈吴门（今苏州），拜著名学者、藏书家、书法家何焯为师，研读经史。中年时，父亲去世，家道中落，金农从此过上了长年漫游的生活。50岁时，金农两次应试未果，之后他绝意仕途，留在扬州，潜心书画，至衰老穷困而死。

金农从小研习书文，50岁才开始学画，由于学问渊博，浏览名迹众多，又有深厚的书法根底，终成大家。其画造型奇古，善用淡墨干笔作花卉小品。写竹、梅、鞍马、佛像、人物、山水等，笔墨拙厚淳朴，布局构图别出心裁。

在“扬州八怪”中，金农的书法造诣最高，书法工隶、楷。隶以朴厚见长，楷多隶意，融合了《国山碑》《天发神谶碑》等书法作品，创出了以稚拙朴厚为美、楷书中杂有隶意、个性极强的书体，金农称其“漆书”。他写漆书用墨，横粗竖细，直笔多，曲笔少，形同漆匠以扁刷刷抹出来的笔画。横划扁平粗壮，起笔、收笔处着意直切成形。直画、长撇、勾画等细劲锋利。字中带有较浓厚的金石味，具有独特的艺术风格。

此画捐赠者陈斯白（1899—1980），祖籍江苏镇江，生于盐城。《新镇江周报》创始人之一。其重要事迹有二：其一，建议建立伯先公园五卅演讲厅；其二，著作并出版《野兽在江南》一书，详细记载日寇对江南沦陷区人民所犯下的罪行。

金农的传世作品并不少见，但其书法作品较“扬州八怪”中的其他代表人物来说，数量极少，弥足珍贵。

陆捌

清郑燮行书《自作焦山诗》轴

变化多端『板桥体』

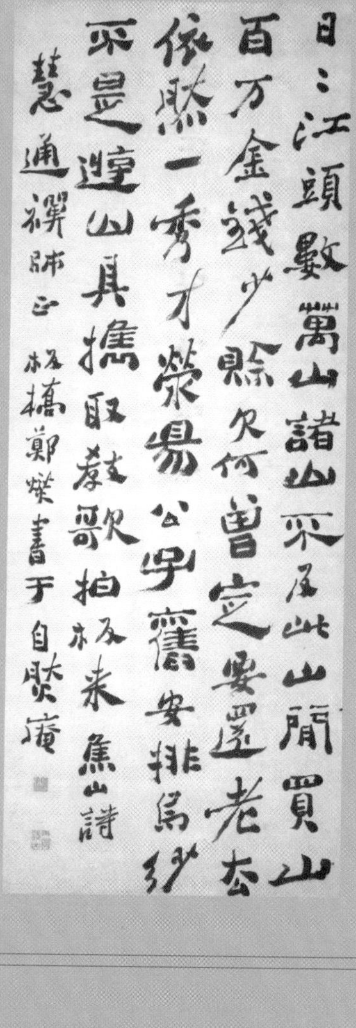

"扬州八怪"中最出名的当属郑燮，人们习惯称其为郑板桥。当代书画家启功先生评价郑板桥说："二百数十年来，人无论男女，年无论老幼，地无论南北，国无论东西，而不知板桥先生之名者，未之有也。"

郑燮（1693—1765），清代书画艺术家、文学家，字克柔，号板桥，江苏省兴化人。郑板桥先世三代都是读书人，但他出生时家道已中落，生活十分拮据。他资质聪慧，三岁识字，至八九岁时已能在父亲的指导下作文联对。他是康熙年间的秀才、雍正时期的举人、乾隆时期的进士，为官十载，两任知县，因在官场上被构陷，愤然辞官归田，在扬州鬻画为生。

"诗、书、画"三绝的郑燮，以"清、劲、怪"独步文坛，彪炳艺林。他最喜画竹，也最擅长表现各种环境下不同形态的竹子。他以水墨写意，通过对竹影、竹形的仔细观察，提炼出"眼中之竹""胸中之竹""手中之竹"的理论。

镇江博物馆收藏有郑燮行书《自作焦山诗》一轴，纸本墨笔，画心纵189.5厘米，横74.8厘米。款题："《焦山诗》慧通禅师正，板桥郑燮书于自然庵。"释文为："日日江头数万山，诸山不及此山闲。买山百万金钱少，赊欠何曾定要还。老去依然一秀才，荥阳公子旧安排。乌纱不是游山具，携取教歌拍板来。"钤"燮何力之有焉"白文方印、"丙辰进士"朱文方印。

诗文不用古人语，直白如话。字形变化多端，章法诡谲有致，充分体现了郑板桥书法上出规入矩，融篆、隶、楷、行各体于一炉，面目奇异，夸张字形的形态和重心变化的书体。

郑燮独创“六分半书”，代表了其艺术成就的最高水平。“分书”即隶书，又称“八分书”。郑燮的分书，是以隶掺入行楷，从而使书体介于隶楷之间，且隶多于楷，故而称为“六分半书”，意即减八分之意。以画兰竹之笔法入书，形成了郑燮匠心独运、别具一格的独有书体，这种书体被后人称作“板桥体”。创立“六分半书”，郑燮经历了长期而艰辛的磨炼与探索，同时也表明他不因循守旧、敢于创新的艺术创造精神和鲜明的个性。

论及郑燮的为人处世之道，以“率真”二字可概之。他对人对事、写字作文都有自己的见解，绝不同流合污，随声附和。人们称赞他“过目而诵”，他偏说这“最不济事”；他看穿世人工于营利，因此大书“难得糊涂”。郑燮是个有故事的人，与镇江也有解不开的渊源，据记载，他人生的两次转折都与镇江焦山有关。

26 岁那年，因家境贫困，无力还债，郑燮靠一位同乡和尚的关系来焦山躲债，结识了扬州的图书字画收藏家、候补知州马秋玉。马秋玉在焦山游览时，得了一句“山光扑面经霄雨”，却想不出下句，郑燮以“江水回头欲晚潮”续之，受到马秋玉的赞赏，因而两人结交。

马秋玉赠银二百两，为郑燮还了债，并同回扬州做书画生意。后来，郑燮为焦山自然庵书写了这副联语，内容改为“山光扑面因新雨，江水回头为晚潮”。

43岁那年，郑燮中举后在焦山别峰庵苦读一年，在44岁时考取进士。在中华书局出版的《郑板桥集》附载的“郑板桥年表”中，列出了他在这一年读书中寄出的三封家书，即《焦山读书寄四弟墨》《焦山双峰阁寄舍弟墨》《焦山别峰庵雨中无事寄舍弟墨》。

成名以后，郑燮始终对焦山情有独钟，多次到访焦山，并留下珍贵墨迹。

陆玖

清黄慎《渔翁得利图》轴

写神不写貌，写意不写形

在中国绘画领域，人物画的历史最为悠久。就绘画史而言，人物画在初期就占据了绝对的统治地位。早在汉魏时期，已经出现了很多著名的人物画家，如曹不兴、顾恺之、陆探微、张僧繇、卫协等，在人物画的发展进程中也出现了一大批传世名作。

元明清以来，虽较多的文人画家转而致力于山水画与花鸟画，人物画不再独领风骚，却依然名家辈出，唐寅、仇英、陈洪绶、黄慎，以及近代的任伯年，都塑造了无数光彩照人的人物形象。

镇江博物馆收藏有一幅黄慎《渔翁得利图》轴，纸本设色，画心纵133厘米，横71厘米，作于清代雍正十二年（1734）。款题："雍正十二年长至日弟黄慎写。"钤"黄慎"朱文方印、"恭寿"白文方印。图中一渔翁向左侧立，头戴斗笠，须发蓬松，旁有一童对其仰视，渔翁右肩斜背鱼篓，右手执杆，左手中拿着一尾鱼，面呈喜悦之色，似向孩童打趣。此画形神皆备，充满生活气息。

黄慎（约1687—1770），初名盛、字恭寿、恭懋、躬懋、菊壮，号瘿瓢，别号东海布衣，福建宁化人，后寓居扬州，为"扬州八怪"之一。擅长人物、山水、花鸟，以人物画最为突出。初随上官周学画，其人物多取神仙故事、历史人物、佛道、樵夫渔父为题材。工草书，书法怀素，笔姿放纵。后用狂草作画，画风泼辣。

黄慎出生于福建宁化一个贫寒的知识分子家庭。幼时聪明伶俐，7岁就在父亲的指点下读书识字，接受启蒙教育。14岁时，父亲不幸客死湖南，两个妹妹又相继夭折，幼弟年方3岁，只能靠母亲日夜做针线活养活一家人，家境十分困难，母亲命其学画，以为人画像谋取生计。

最初，黄慎师从画家上官周。他勤奋苦学，悉心钻研，画艺日进。该时期内，他的作品多为工笔，画风细腻。随着画艺越来越成熟，他不甘于只做一个以画像为业、挣钱养家的画匠。这时，他的母亲提醒他“作画应多读诗书”，他的同乡也点拨他：“子不能诗，一画工耳；能诗，则画亦不俗。”意思是单会画画只能成为一名匠人，只有饱读诗书，将诗歌的意境融入绘画之中，才能成为真正的画家。至此，一心沉迷于提升画技的黄慎茅塞顿开。

十八九岁的黄慎白天给人画肖像，傍晚就独自到佛殿借着殿中的长明灯读书。据传，一天深夜，僧寺的一位老和尚在巡寺的时候发现黄慎独坐在佛龛灯下，以为他是与父母斗气出逃的淘气鬼，便劝他回家。黄慎拿着书怯怯地说，家里穷，买不起灯油，特来借光读书。老和尚听后十分感动，特地给油灯添了一根灯芯，把灯拨得更亮，还搬来一尊石鼓，摆在灯下，方便他读书。“十年容类打包僧，无怪秋霜两鬓鬅。历尽南朝多少寺，读书频借佛龛灯。”饱读诗书的黄慎逐渐掌握声韵格律，学会了作诗，后来作诗描述这段生活。

在“扬州八怪”中，黄慎的人物画成就最为突出。雍正三年（1725），他来到了扬州，结交了许多名士画友，特别是与郑燮、李鱓、金农、高翔等画家交往密切，共同开创了画坛的革新局面，很快便名闻扬州。

为适应时代风气，他开拓性地将草书与绘画结合，将草书的运笔态势用于绘画之中，使画面呈现出迅疾、洒脱、不羁的风格；所作人物寥寥数笔，以简驭繁，笔意纵横，气象雄伟。题材多为神仙佛道和历史人物，也有一些取材自民间生活，塑造了多个纤夫、乞丐、流民、渔民等下层人物形象，蕴含着恢宏的艺术生命力。黄慎自称这种“狂草入画”的新形式为“写神不写貌，写意不写形”，艺术家的创造带给后人取之不竭的生命感动。

柒零

清华品《听松图》轴

力追古法，不求妍媚

康熙四十二年（1703），福建上杭华氏家族重建祠堂。族人荐举21岁的华喦为祠堂正厅绘壁画，地方乡绅却以他出身卑贱为由一致反对。华喦十分不服，晚上偷偷溜进祠堂，点着蜡烛在正厅奋笔挥毫，抢先绘好“高山云鹤”“青松悬崖”“水国浮牛”“倚马题诗”四幅高难度画作，一时传为美谈。

随后，华喦愤然离乡出走，最终走进扬州，成为“扬州八怪”之一。

镇江博物馆收藏有一幅民国金融家唐寿民捐赠的华喦《听松图》轴，绢本，画心纵104.5厘米，横42.5厘米。画右上角题款：“山有白云，士多道气，冷翠苍柯，世外真味。丙子夏六月为瑞五师五十寿诗画，并请正，新罗山人，时年七十有五。”钤“华喦”白文方印、“秋岳”白文方印，右上角钤“眉州”朱文葫芦形印。画上另有收藏印三方。

《听松图》轴以兼工带写的小写意手法入画，构图新颖，线条蕴润挺劲，似绵里藏针，笔墨简逸生动。在中国古代绘画中，松树是山水画中常见的题材，松枝傲骨峥嵘，四季常青，画家们常借松树来比喻人品的正直高洁。松树历严冬而不衰，万古长青，亦是长寿的象征。整幅作品画面奇峭隽雅，松涛风动，高士在树下聆听自然之语，情景交融，意境含蓄。画面构图狭长，造成天高地迥的视觉效果，衬托出人物孤寂的内心世界，天地悠然。

华喦（1682—1756），福建临汀人，一作华岩，字德嵩，更字秋岳，号白沙道人、新罗山人、东园生、布衣生、离垢居士等。一生布衣，老年自喻“飘篷者”。

华喦少时艰难，因父亲早故，家境贫寒而辍学到纸坊当学徒，常用纸坊废弃的破损纸张自习绘画，爱之入迷，渐谙画技。1703年之后，曾在杭州侨居10年，结交了徐逢吉、金志章等众多文人知己，观赏到一些古今名画，对他的创作生涯影响深远。随着阅历的增长，华喦深感自己读书少、学识浅、画艺粗，于是发愤精进。远师南宋画家马和之，近学明末清初画家陈洪绶、恽寿平、石涛诸家，认真研习宋、元、明各大家的绘画技法。同时，在学诗学字上也苦下功夫，大大提升了修养内涵，促成他由开始的画工画家转变为文人画家。

雍正元年（1723），华喦42岁，他从杭州转到当时经济、文化发达的扬州，寓居诗人员果堂、张瓠谷家中，先后结交了金农、高翔、李方膺、郑板桥、张瓠谷、许滨、李志然等画家文人，还结识了马曰琯、马曰璐兄弟等盐商巨子，彼此交流切磋，诗画酬答。此后画艺突进，人物、山水、花鸟、草虫、走兽等，无一不精，在意境、构图、技法各方面都更臻完美，终成一代名家。

华喦的花鸟画最负盛名，人物画成就亦突出。他吸收明代陈淳、周之冕，以及清代恽寿平等诸家之长，善于捕捉自然生物中的天趣和人们真实细腻的情感体验，将花鸟的动人姿态和感受中丰富的情趣融为一体，其人物画得益于陈洪绶、王树榖、马和之，自成一种简笔画法，形象有所夸张而又不变形，简练生动，个性鲜明。

《听松图》轴作于丙子，即清乾隆二十一年（1756），为华喦去世前作品，弥足珍贵。从画中不难看出，华喦作画认真严谨，精心锤炼，惜墨如金；善用粗笔、渴笔作画，以简取胜，笔意纵逸超脱，设色清丽，形象生动逼真，力追古法，不求妍媚。可见，其传世佳作被世人奉若珍宝，绝非偶然。

柒壹

清李鱓《喜上眉梢图》轴

泼洒水墨成奇趣

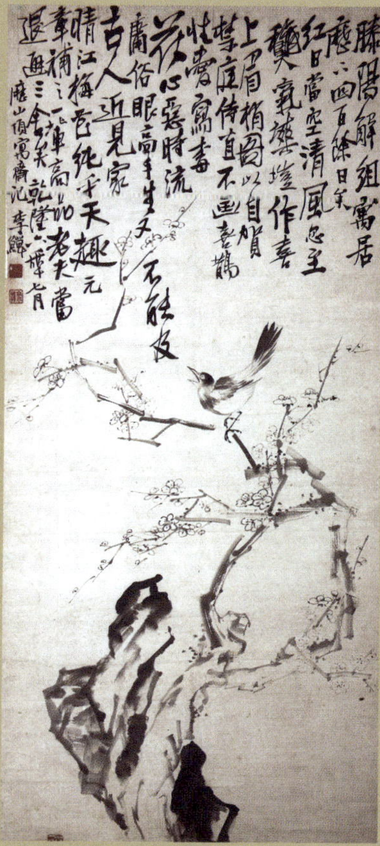

在“扬州八怪”中，李鱓与郑燮这位兴化同乡的关系最为密切。李鱓进过皇家画苑，做过七品县官，但依然保持个性，以写意花鸟画的非凡成就名居“扬州八怪”前列，对晚清花鸟画产生了较大影响。

镇江博物馆收藏有一幅李鱓《喜上眉梢图》轴，作于清乾隆六年（1741），纸本墨笔，画心纵 138.6 厘米，横 62 厘米。借用喜鹊登梅寓意“喜上眉梢”。款题：“滕阳解组，寓居历下四百余日矣。红日当空，清风忽至，秋气爽垲，作喜上眉梢图以自贺。禁庭侍直，不画喜鹊，性爱写梅花，心恶时流庸俗，眼高手生。又不能及古人。近见家晴江梅花，纯乎天趣，元章补之。一辈高品，老夫当退避三舍矣。乾隆六年七月，历山顶寓斋记。李鱓。”钤“鱓印”白文方印、“宗扬”朱文方印。图左下角钤“衣白山人”朱文方印、右下角钤“张雨公藏”朱文方印。

此轴书、画皆堪称一绝，构图平中见奇，用笔老辣，险而不逾法度，设色淡雅，色不掩墨，立意清新而高旷。

李鱓（1686—1762），江苏兴化人，明代状元宰相李春芳的第六代裔孙。字宗扬，号复堂，又号懊道人、墨磨人、木头老子、苦李、滕薛大夫等。他的祖父和父亲都是地方颇有名气的知识分子，祖父李法工书法，善诗，曾与“明末四公子”之一的冒辟疆等人唱和；

父亲李朱衣担任过文林郎。

李鱓自幼喜爱绘画，16 岁时已颇有名气。早年曾从同乡魏凌苍学画山水，继承黄公望一路，供奉内廷时曾随蒋廷锡学画，画风工致。后宗法指画大师高其佩，崇尚写意。又研习石涛笔法，以破笔泼墨作画，大胆摆脱正统画风的牢笼，不再仅仅追求工整精致，而是让感情的个性色彩融于笔端，章法别致，用笔灵动，设色淡雅，形成自己任意挥洒、“水墨融成奇趣”的独特风格。

李鱓一生先后历康熙、雍正、乾隆三个王朝，每一位皇帝的登位，都赋予他一次恩宠的机会。康熙五十年（1711），26 岁的李鱓中举。康熙五十三年、雍正八年（1730），李鱓亦曾两次以绘画被召为内廷供奉，均因不愿受“正统派”画风束缚，而因“画风放逸”被逐，重新回到民间。乾隆三年（1738），李鱓出任山东滕县知县，为政清简，颇得民心，却因得罪上司而罢官。

李鱓的鱓字，有两种读音。一个读“shàn”，音义同“鳝”；一个读“tuó”，音义同“鼍”，即猪婆龙、扬子鳄、神兽之意。落拓江湖，李鱓多次题画署名为“鳝”，从鼍到鳝，从神兽到沦为一条小鳝鱼，他的仕途之梦在“两革功名一贬官”的起落间惊醒。

清末批评家认为李鱓脱离传统，笔墨缺乏蕴藉含蓄，有“霸悍之气”“失之于犷”等。然而纵观李鱓一生的创作，他确实是一位富有独创才能的画家，在中国画坛上占据举足轻重的地位。他拓展了写意花鸟画的表现领域，花草树木，日常用具，桑蚕之类，一一拈入画中，取材之广，超过前人。他突破了写意花鸟画的表现形式，破笔泼墨，酣畅淋漓，笔墨奔放，富有动感。同时他吸取没骨花卉的表现方法，工细严谨，色墨淡雅，变化丰富，富于立体感，具有较强的艺术表现力。晚清画论家秦祖永在《桐荫论画》中赞其曰：“李鱓复堂，纵横驰骋，不拘绳墨，自得天趣，颇擅胜场。”

60岁之后，李鱓至扬州卖画为生，与同乡人郑燮互动较多，郑燮有“卖画扬州，与李同老”之说，并称李鱓“才雄颇为世所忌，口虽赞叹心不然”。

李鱓喜于画上作长文题跋，字迹参差错落，布局新奇，画面丰富。《喜上眉梢图》轴，书是画，画亦是书，浑然一体，体现了中国画特有的风致韵味。

柒贰

清郎世宁《双骏图》横披

开创中西合璧绘画技法

18世纪，西方传教士作为最主要的传播媒介，率先拉开了历史上“西学东渐”的序幕。1715年8月17日，意大利人朱塞佩·迦斯底里奥内以传教士的身份漂洋过海抵达中国澳门，并以“郎世宁”为中文名。

郎世宁（1688—1766），天主教耶稣会修士、画家，出生于意大利米兰，自幼喜爱画画，并显露出绘画天赋。他早先曾跟随画家卡洛·科纳拉学习绘画，后受到安德烈·波索影响，习得透视几何画法，年纪轻轻便成为一位艺术家。

当时很多西方传教士以科技为突破口进入中国传教，19岁加入天主教耶稣会的郎世宁听一位从远东回到意大利的传教士描述了东方文明的神奇，十分向往，遂向教会表达了自己希望去中国传教的愿望，并获准带着传教的任务踏上前往中国的客船。

郎世宁最初的梦想是成为一名著名的传教士，将基督教的思想传播到大清王朝之中，扩大宗教影响，没想到却因为包裹里携带的一套画笔，开始了他在中国宫廷长达50多年的艺术生涯。

在澳门学习中文及生活礼节后，他来到广州。广州巡抚得知来华的传教士中有位西洋画家便上奏康熙皇帝，康熙十分好奇，诏令其北上进京。同年十一月，郎世宁奉旨入京。

《双骏图》

康熙对郎世宁所带来的西洋艺术十分感兴趣，就这样，郎世宁留在了宫廷之中，成了一名御用画师。这画师一当就是一辈子，历经康熙、雍正、乾隆三朝，官至三品，参加了圆明园西洋楼的设计工作，极大地影响了康熙之后的清代宫廷绘画和审美趣味，直至乾隆三十一年（1766）去世。

郎世宁擅长人物肖像、花鸟走兽题材，注重物象结构解剖、光影效果与立体感的技法。在绘画创作中，他努力学习中国画及书法，融合中西技法于一体，形成精细逼真的效果，创造出新的画风。同时，他还将西方的油画技巧和透视方法，甚至连制造油画颜料的技术，都毫无保留地传给画院画家和满族画工，使清代的宫廷绘画带有“中西合璧”的特色，呈现出不同于历代宫廷绘画的新颖画貌和独特风格。

乾隆朝改建圆明园时，命郎世宁主持圆明园“西洋楼”的设计，著名的十二兽首铜像就出自他的设计。

镇江博物馆收藏的郎世宁《双骏图》横披，绢本设色，画心纵 59.7 厘米，横 114.3 厘米，由严惠宇先生捐赠。画中老柳一株，柳下山坡左立白马一匹，右卧赤马一匹，山坡之上花草丛生。老柳之后有新柳二株，图左下角款题“郎世宁谨画”。钤朱文长方印，字残缺不清。画右下角钤“静怡轩王氏珍藏”朱文印。

从《双骏图》横披中可以看出，郎世宁利用中国的毛笔和纸绢，充分展现了欧洲明暗画法的特色。马匹的立体感强烈，用笔细腻，注重对动物皮毛质感的表现，画家以细密的短线，用素描的画法，描绘出了马匹的外形、皮毛的皱褶和皮毛下凸起的血管、筋脉。利用色泽的深浅，表现了马匹的肌肉。图中笔墨工整，设色艳丽厚重，双马造型，栩栩如生，具有西洋画的情调；柳树的勾勒画法，颇得宋人笔意，可谓中西艺术的合璧佳作。

民国时期，康有为曾夸赞郎世宁是最早开创中西合璧绘画技法的画家。从传教士到宫廷画师，在中国这片陌生的土地上，他为中西方艺术的融会穷尽一生的精力，画出了清王朝最后的恢宏时代，也画出了东西方互学互鉴的历史。

清王文治行书轴

名动京城的淡墨风韵

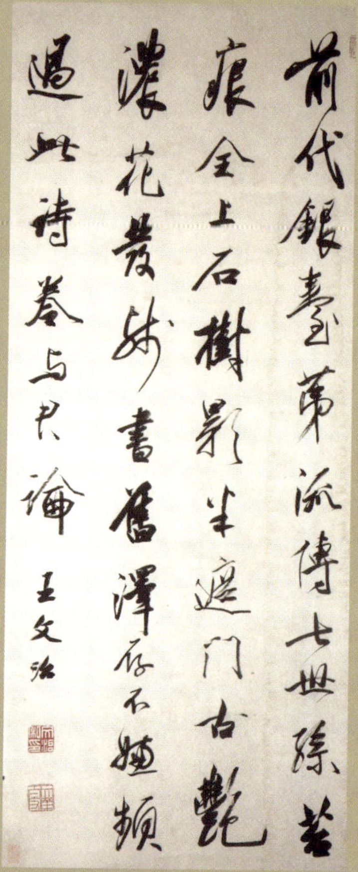

中国是墨的故乡，在中国画里，“墨”并不是只被看成一种颜色。“墨分五色”，意指墨色有“干、湿、浓、淡、焦”五种，简单的黑色中蕴藏着万千变化。作书喜用浓墨的刘墉，是清代著名的帖学大家，官至内阁学士，被世人称为“浓墨宰相”。无独有偶，清乾嘉年间，又出了一位善于用青黑色淡墨书写的探花郎王文治。“淡墨探花”“浓墨宰相”并立，传为书坛佳话。

王文治（1730—1802），字禹卿，号梦楼，丹徒人，从小聪慧过人，少年时即以文章、书法闻名乡里。12岁便能吟诗作书，诗有唐人风范，书学米芾、董其昌，后法王羲之、王献之，得力于唐代著名书法家李邕。成年后，擅长诗词、绘画、治印，通音律、戏曲。

怀揣才学与梦想，王文治以选贡入京，20多岁就已名动京城。乾隆二十一年（1756），翰林院侍读全魁、周煌奉旨出使琉球，二人因仰慕王文治书名，遂邀其同往，王文治欣然答应。琉球人素好书法，得知王文治是中国书法名家，纷纷重金求购墨宝，让这个26岁的小伙儿在当地书名大震。乾隆二十二年（1757），自琉球回国，王文治增长阅历的同时，书法文字亦远播海外。至今，日本东京国立博物馆、京都藤井齐成会有邻馆、冲绳县立博物馆、大分县立博物馆，以及一些日本民间收藏家仍珍藏着他当年的墨宝。

乾隆二十四年（1759），王文治参加顺天府乡试中举，第二年进京殿试，得中一甲第三，“淡墨探花”由此得名。乾隆二十九年（1764），王文治以探花官翰林侍读，出任云南临安（今云南建水县）知府。三年后，因下属失职被牵连免职回京，从此无意仕途，再不入仕。

王文治一生以书法名世，专重风神趣味。喜用长锋羊毫和青黑色的淡墨书写，讲求姿态，表现潇疏秀逸的神韵，飘逸空灵的书风恰与中国传统书画相映成趣，成为当时书坛一景。

镇江博物馆收藏有王文治行书一轴，纸本墨笔，纵 129.2 厘米，横 55 厘米，由著名爱国实业家刘国钧先生捐赠。此轴行书运墨清淡，笔法精熟，秀逸天成，字体秀俏柔媚，既蕴晋人之风，又具董其昌神髓，气格风神婉美，笔端毫尖处处流露出才情与清秀的特色，“清风出岫，明月入怀”的幽雅境界顿生，堪称佳作。款题“王文治”。钤“文治私印”白文方印、“文章太守”朱文方印、“刘国钧谨赠”朱文方印。右上角钤“柿叶山房”朱文长方印。

有关王文治的故事，流传较多。不再为官的王文治漫游于江浙一带，过起了隐居生活，乾隆三十六年（1771），执掌杭州西湖崇文书院，号称“西湖长”。据传，临安城东城楼上有块木匾，上书“雄镇东南”，是书法家涂鬻墨宝。没承想，时隔不久，“镇”字右边的“真”坠毁于地。有人临摹涂鬻书法，补写了个“真”字，以假乱真。一日，王文治行至东门下，抬头见匾上所书四个大字，指着“镇”字说：“‘雄镇东南’四字，是三条活龙夹着一条死蛇。”知情的人无不对其佩服得五体投地。

中年以后，王文治潜心禅理，晚年皈依佛门，曾在家中构筑一庵，每日诵经念佛，深居简出。

王文治的书法笔势洒脱，结体内敛，既不疏落帖意，又无传统帖学的媚转轻滑。且书小字又胜大字一筹，用笔淡雅秀逸，转圆折俊，气骨风神挟带清气，人见人爱，当时即有“天下三梁（指梁同书、梁巘、梁国治），不及江南一王”的说法。

柒肆

潘恭寿《桐圃图》轴

红极一时的『潘画王题』

以书入画，构成中国画的另一种形式美。在镇江书画史上，生活在乾隆年间的画家潘恭寿作的画，常由书法家王文治题款，二人珠联璧合，在艺坛留下了“潘画王题”的佳话。

潘恭寿（1741—1794），字慎夫，号握筼，中年受菩萨戒，遂名达莲，号莲巢、莲居士，丹徒人。工诗文，山水、花卉、人物、佛像皆精。山水有董其昌、文徵明遗韵。兼工写生，花卉取法恽寿平，佛像、仕女颇有古意，与张崟、顾鹤庆、蔡嘉等齐名。

镇江博物馆收藏有潘恭寿《桐圃图》一轴，纸本设色，画心纵 87 厘米，横 30 厘米，由地方名士罗雁峰家人王鸾云、姚克庄女士捐赠。此幅作于清乾隆四十九年（1784），落笔精熟，古雅清幽，气韵生动。款题：“严先生索余为桐圃图，许之垂十年矣，今将远离，因以志别。时乾隆四十九年三月四日。莲巢弟恭寿。”钤“恭寿”白文方印、“慎夫”朱文方印。

潘恭寿出身寒微，自小喜欢书画。由于家贫请不起老师，只能靠临摹别人的作品自学，因此，其早期、中期作品均带有明显的摹古痕迹。在其早中期的书画作品中，反映出来的特点是他更注重“像”，临摹的作品即便是败笔也一并“复制”下来。

能够被历史记住的人，生命中总有一些机缘。如果潘恭寿没有遇见王文治，也许他的一生就是一个以临摹为生的画匠。乾隆三十二年（1767），王文治自云南罢官归乡，26岁的潘恭寿至此遇到人生中最重要的贵人。王文治以书法在海内享有盛名，他看到潘恭寿勤奋作画，却无师承，便以书家用笔之道传授潘恭寿。他对潘恭寿说："画理出于书卷，必得深入古人一种书，乃能用之不穷，泛为涉猎，每益也。"潘恭寿从此发奋读《史记》，经年精熟，其画日进。

通过王文治，潘恭寿又结识了他生命中的另一个贵人——王宸。王宸是与王时敏、王鉴和王翚合称"四王"的清代著名画家王原祁的曾孙。王宸家学渊源深厚，在赴任宜昌司马的途中，经过京口，至王文治家中做客，见到了潘恭寿的画，十分赏识，便以"宿雨初收，晓烟未泮"八字真言相授。八个字暗含了文人对山水画视觉效果的要求，即笔墨要有藏有露，以含蓄内敛为美。

得两位大家的指点后，潘恭寿寻求创作上的突破。"复取古迹，日夜临仿"，锻炼自己的观察能力，专注于描绘云烟胜景、雨中山峦。由于掌握了正确的学习方法，画艺日进，他逐渐形成了自己的绘画风格。潘恭寿的山水得董其昌、米友仁墨晕，清腴妍冷，淡雅空灵。花卉取法恽寿平，兼工写生。佛像、人物、仕女、竹石，力开蹊畦，独具秀韵。尤其是其后期的云烟山水，对于墨色的掌控，为时人所赞。

为鼓励潘恭寿，王文治从乾隆三十三年（1768）起始为潘画题跋赋诗，以弥补他作品中的缺陷。根据画史记载，他们师徒二人的合作长达25年之久，世人称之为“潘画王题”。“潘画王题”红极一时，清书家钱泳在其《履园画学》中对珠联璧合的“潘画王题”之作赞颂有加，称：“人有得其片纸者，如获至宝。”

中年以后，潘恭寿笃信佛教，乾隆四十六年（1781）受戒于高旻寺，把创作重点转移到佛像画创作上，他曾发愿创作100幅佛像。

潘恭寿传世作品有《写柳永词意图》轴、《访戴逵破琴图》轴、《林屋洞天图》轴、《烟云阁图》轴、《烟浮远岫图》轴、《幽亭秀木图》轴、《松柏芝兰图》轴等，收藏在各地博物馆之中。

柒伍

潘思牧《携琴访友图》轴

构图简洁，色调清新

琴棋书画四艺，琴为首，最能代表文人雅事。中国文人爱琴，古已有之。俞伯牙携琴访友的典故在中国可谓家喻户晓。琴也是蕴含古代名士文化底蕴的载道之器，君子隐居求志时，往往以琴相伴。

“携琴访友”是自古至今众多画家钟爱的题材，在古代绘画、瓷器、漆器和雕刻中十分常见，具有寻觅知音的美好寓意。宋朝范宽、明朝戴进和文徵明、清朝陈卓和王翚都有该题材的画作被记载。

镇江博物馆收藏有一幅民族实业家袁左良先生捐赠的清潘思牧《携琴访友图》一轴，作于清道光元年（1821），纸本设色，画心纵 142.2 厘米，横 75.3 厘米。青绿山水之间，一溪横贯，水榭幽轩，隔岸斜对。中有板桥，一红衣老者执杖，后随携琴童仆，过桥去访幽居之友。构图简洁，境界开阔，色调清新。人物虽小而刻画入微，引人注目。款题：“文徵仲携琴访友图。道光元年岁次辛巳夏日写为隐庵禅师法鉴。樵侣潘思牧。”钤“思牧印信”“潘氏樵侣”白文方印二方。据清人鉴定，此幅《携琴访友图》堂幅，系临文徵明原图，深具文衡山笔意。

潘思牧（约 1756—1845 后），字樵侣、一樵，号髯翁，晚号竹谷居士、樵侣老人，镇江人。山水画远宗黄公望，近法董其昌，得烟云秀润之妙。书法宗苏、米，兼学赵孟頫，名重江南。据《京江画征录》载：

“潘思牧年九十犹挥洒不辍。”道光八年（1838），潘思牧83岁时，尚作山水扇。其卒年不详，待考。他善山水、花卉、人物，亦工写真，有《松溪五友图》轴藏上海朵云轩。有人评其“画品不在恭寿下”。

潘思牧为京江画派得力干将，与张崟、顾鹤庆等人同为京江画派第二代画家。京江画派的最大成就是以家乡镇江熟悉的景物入画。画家们在对家乡景物的细致观察和描绘中，表现出了独特的天赋和人文气息，将吴门画派幽雅的文化气息与京江画派独特的气质，以及镇江地区独特的地理环境结合起来。广涉宋元诸家，进一步吸收其他画派的用笔、用墨特点，经过从清秀向严整的过渡，营造出了新的绘画风格。既清新文雅又落墨浓重，兼具阴柔、阳刚之美，是京江画派鲜明的典型风格。

“落笔浓重，展卷瞭然，望而知为京江人。”不同于其他地区的绘画特色、审美观念和对绘画传统的理解方式，京江画派拉开了与其他画派的距离，最终形成了自己独特迥异的风格面貌。无论是绘画创作所获得的精神体验，还是绘画造诣和社会影响力，京江画派都以其独特性达到了其时其地自己的最高峰。

张崟、顾鹤庆、潘思牧等骨干画家，创作均师法宋元诸家，并且均具有“气象雄伟，落笔浓重”的统一风格特征。但是在拥有共同特征的同时，他们也不断追寻自我独立的画风，丰富了京江画派的整体面貌。

潘思牧，潘恭寿之弟，比潘恭寿小15岁。由于其兄潘恭寿的画名，潘思牧较早就成为京江画坛备受瞩目的对象。弱冠之年即成名于本邑，文酒征逐、求画者络绎不绝。他的创作旺盛期与张崟等人同时，90余岁仍笔耕不辍，见证了京江画派的发展。

早年潘思牧的画风受王文治、潘恭寿等的影响，出自吴门画派，尤其偏重文徵明的文秀抒情的画风。而后在探索自我风格的突破时，又受到同时期京江画人的影响，他不再局限于前人的做法，逐渐形成一种笔力沉着、墨色秀润的画风，以适应本邑山水的烟云变幻，他也成为京江画派最为重要的骨干画家之一。

柒陆

清张敔花卉手卷

笔墨纵逸，不拘成法

桐城派是我国清代文坛上最大的散文流派，是中华民族传统文化中的一座丰碑。桐城派人才济济，名家辈出，不仅在著书立学方面影响广泛，在书画方面也有较高造诣。

张敔（1734—1803），桐城派重要人物，字芷园，号雪鸿，另见字号有虎人、茝园、芷沅、木者、止止道人，安徽桐城人，迁居江宁。能书、工诗、善画，有“三绝”之誉。

镇江博物馆收藏有一卷张敔花卉手卷，纸本设色，画心纵 25.3 厘米，横 175.2 厘米。此卷仿徐渭画法，颇具青藤笔意，用笔放纵，色彩淡雅秀丽，花卉构图百花齐放，争相斗妍，令人赏心悦目。款题：“庚戌九月三日仿徐青藤百花卷子笔意。雪鸿居士，张敔。”钤“敔印”白文方印。庚戌，即清乾隆五十五年（1790），标明了此卷的创作年代。卷引首为姜渔（笠人）题“逸气横生”，卷尾为姜渔丙申（1836）冬行书长跋。

张敔，资质聪敏，性情豪迈，富有艺术才情，工诗文书画，通音律歌曲，书法真草隶篆均佳。创作取材范围十分广泛，以花鸟画成就最高，时人称其“好作大幅阔笔花卉”，且以水墨为主，鲜有设色者。他性嗜酒，每至酒酣兴发，随意挥洒，不拘成法，所画无不精妙。为人疏放不羁，兴到即挥笔写画，如没带图章，画毕就提笔作印，别出心裁。

张敔是画家，也是诗人。但他诗毕即忘，作画同样如此。有一次，袁香亭（名树，字豆村，号香亭，袁枚堂弟）拿着张敔画的《石头图》来让他看，张敔已忘了这是自己的作品，以为是古人之作。还说："纸甚新，今人则吾所不能为者，何处得此好手？"

市面上，冒充张敔的作品很多。张敔的同时代，在京城承恩寺书画市场上即有很多赝品。他的朋友熊宝泰在云南昆明曾看到过冒充张敔的画作，当他告诉张敔这一情况时，张却不以为然，并以孙叔敖及黎丘鬼的典故回答友人善意，可见他的肚量之大。在张敔做县令时，上司求画，他不但不给，而且傲气回复："朝廷令职来作官，不命职来作画。"个性十分鲜明。

屡屡出现的"高考移民"现象是社会各界普遍关注的话题。其实，这一现象古已有之，时称"冒籍取解"，即离开本籍，到其他州县参加府试，以取得解送资格，再到京师参加全国性考试，张敔就曾被此类事牵绊。

张敔是康熙进士、翰林院编修、累官至文华殿大学士兼礼部尚书张英的曾孙，是雍正时军机大臣张廷玉的侄孙，于乾隆二十七年（1762）在济南历城考中举人，官至湖北房县知县。张敔之父张若潍（1703—1787），字若谷，雍正庚戌进士，曾任山东学政。张若谷精心培养三个儿子，不但让他们走科举仕途，还让大儿子张敉专攻书法、二儿子张敳专攻作文（中进士）、小儿子张敔专攻绘画，三人均有所成。张敔曾为人画屏，张敉作书，张敳作文，人呼为“三绝屏”。

据《钦定科场条例》记载，张若谷在山东任上时，张敉、张敔均冒用山东历城商籍参加科举考试并中举，此事在乾隆四十四年（1779）败露，张敉、张敔兄弟二人均从知县任上被革职。然而我们从清人李桓编辑的《国朝耆献类征初编》一书中可知，张敔是因为做房县知县时，得罪上司，而被罢官，冒籍之说只是个借口。房县民众十分爱戴这位知县，向朝廷反映情况，想挽留他，未果。

因冒籍之事而去职后，张敔开始远离政治，把主要精力放在交游和艺术创作上，遍游海内。他的山水花鸟，笔墨纵逸，越发高超。

柒柒

张崟《镇江名胜图》册

清代镇江名胜的『全家福』

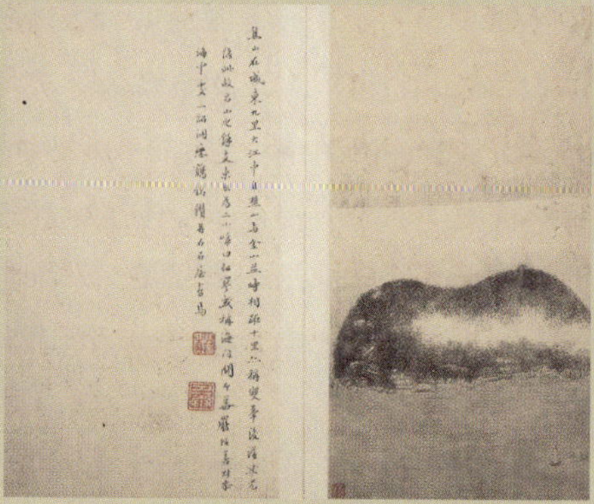

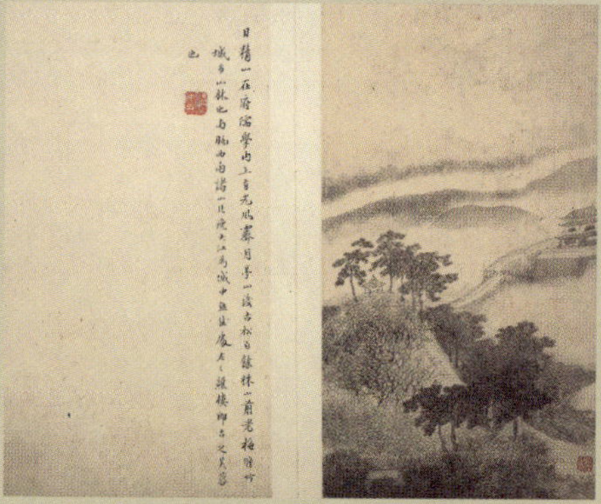

“京江画派”，画史上又称为“丹徒派”或“东江画派”，是一个带有隐逸色彩的画派。该画派以“师法造化，自以为法”为宗旨，奉宋代米芾、米友仁父子为精神偶像，薪火相传几百年。

张崟（1761—1829），字宝厓，号夕庵。他力追北宋大家，独树一帜，以其突出的绘画风格，成为京江画派当仁不让的领军代表人物，《京江画征录》赞曰：“张崟画格多自出，不蹈袭前人，气象雄伟，真足涵盖一切，同时诸家索然气尽。”

镇江自古以来得山水之助，一水横陈，连冈三面。京江名胜成为京江画派热衷于描写的重要题材，山川树木，楼阁关津，云雾风涛，阴晴昏晓，在他们的笔下表现出鲜明的地域特色，展现出清奇、浑厚的优美意境。张崟将镇江12处名胜绘为一册，为京江名胜留下一幅“全家福”，两百余年来，镇江沧海桑田，城市变迁，仿佛弹指一挥间，跃然纸上。

《镇江名胜图》册，共绘图12幅，每幅纵34.8厘米，横19.4厘米，对开，一画一题。图绘镇江名胜日精山、月华山、黄鹤山、夹山、招隐山、回龙山、北固山、焦山、蒜山、金山、五洲山、西山名胜12处，共12景。由地方名士罗雁峰的家人王鸾云、姚克庄女士捐赠，镇江博物馆收藏，为国家一级藏品。

此册各页，画法各异，景致常新。每一页均布局严谨，笔墨工整有力，一丝不苟。或薄雾笼峰峦，或山峦似屏障，或山石坚实清晰，虚实相生，境界幽美。画家善于用点作画这一特色，在图册中亦有表现。画家以无数大小、或轻或重的焦墨布满画面，浓郁而有层次，山川树木愈显郁茂华滋，境界亦富纵深感。特别是张崟笔下的松树，树干挺拔俊秀，针叶密而不乱，构图中景、前景通常辅以隐居的屋舍楼宇、人物、云海松涛，浓淡有序，层次分明。设色以浅绛为主，给人以美的享受。

各页上钤有“张崟之印”白文方印，“清河仲子”白文方印，“宝岩”朱文长方印，“夕庵”白文长方印，“张崟之印”朱、白文相间方印，“宝岩”白文方印，“夕庵”朱、白文相间方印，“夕庵书画”朱文方印。

该画款题：“壬午七月廿又三日，丹徒张崟呈本，颐道先生仁智之性，共山水效深，命绘斯册，以当卧游，虽有丝麻，无弃菅蒯也，故略缀数语于图后，不独云左图右史，亦以备吟情忻畅之下，悉其概焉，幸钧鉴并诲之。”颐道先生，即陈文述，清代诗人，别号颐道居士，嘉庆时举人，官昭文、全椒等知县。诗学吴伟业、钱谦益，博雅绮丽，在京师与杨芳灿齐名，时称“杨陈”，著有《碧城诗馆诗钞》《颐道堂集》等。

张崟在青年时代就纵游镇江的风景名胜，但他并不满足于消极被动地摹写山水，而是主张发挥画家的主观能动性，以山水中的自然天趣来表达自己的感受。在创作中，他喜欢疏密结合，注重画中留白，与“四王”繁密饱满的构图形成了鲜明的对比。这12幅册页不仅画出了镇江山水的柔润与俏丽，且12幅册页上每幅都有题记，详细描写了12景在镇江的地理位置、人文历史和成名原因，书法元素的融入让画面有了变化，不再千篇一律。

张崟热爱镇江的山山水水，他在题记中写道：“京口三山，江山壮丽，因所谓天下第一江山也，除此之外，莫非不标致，皆一丘一壑而已，好事罕有得，得来游者，故名不显。”

该册作于壬午年，即道光二年（1822），是张崟晚年的精心力作。该册功力深厚，用笔精到，设色典雅，所绘内容为镇江地区名胜，具有地方史料参考价值，也是“京江画派”传世作品中的上乘之作。

柒捌

《徐氏云川阁十六景》图卷

明净灵动，疏朗淡雅

同为京江画派的代表画家，张崟善画松，枝干矫健，气势巍峨；顾鹤庆善画柳，柔逸明媚，诗意浓郁，人称“张松顾柳”。

顾鹤庆（1766—1836），字子余，号弢庵，晚号乳山逸叟，丹徒人。善山水、人物、书法，工诗文，尤善画柳。早年受其舅父指授作画，且与张自坤、张崟父子相交甚密，遍览张家所藏名画。嘉庆四年（1799），他由查淳引荐进京，结识了法式善、赵怀玉、张问陶、翁方纲等名臣显宦，得以纵览名迹，由是画艺更加精进。他画赠法式善祭酒的《驿柳图》，名噪都下，人称“顾驿柳”。

嘉庆七年（1802），顾鹤庆放弃登仕愿望返回家乡，开始游历生活，足迹遍及大江南北。常和京江文坛名彦放情于山水之中，游乐、咏诗、作画，优游闲放，文酒自娱。

收藏于镇江博物馆的顾鹤庆《徐氏云川阁十六景》图卷，绢本设色，纵 39.6 厘米，横 1304.4 厘米，是顾鹤庆于嘉庆乙亥年（1815）客江都邵伯埭徐氏云川阁时而作，描绘的是江都邵伯埭一带的水乡风光，囊括了春夏秋冬四季，田野、湖溪、人物、亭台、楼阁各景，墨迹明净灵动，画面疏朗淡雅。每幅均有题名：远岫胜岚、平湖春色、东皋麦浪、南浦渔歌、烟柳横塘、溪桥残雪、夕阳帆影、野寺钟声、高阁留云、群峰叠翠、

小山丛桂、幽径疏篁、花榭香风、桐阶新月、蕉窗夜雨、石室书灯。卷首另绘徐云淙侍御泛湖小像，共计 17 幅作品。

历代画家都认为“画树难画柳”，因为其他树种四季变化不大，而柳树四时各异，姿态随季节而变，若没有深厚的绘画功底，很难画出柳树的千姿百态。顾鹤庆一生酷爱画柳，将柳树作为作品的主角，置于画面的重要位置，能准确而熟练地把握柳树四季的变化特征。

在《徐氏云川阁十六景》中，柳树作为顾鹤庆的个人风格标志占据了 9 幅之多。比如“烟柳横塘”，描绘盛夏水乡平原风光，笔墨精细纯熟，设色淡雅。柳树枝条繁密，柳条飘逸，密而不乱，婀娜多姿，与湖堤、荷花、茅亭、水车、竹桥、桥上农夫，构成了一幅生机勃勃的夏日水乡风光，给人以天然真实之感，充分显示了画家细致入微的观察力和高超技艺。

云川阁主人徐云淙，名元亮，乾隆五十四年（1789），与其兄元方同举京兆之试。嘉庆四年（1799）进士，官山东道御史，与兄元方居京师，后随兄乞假归里，居邵伯镇北徐家大楼，卒年55岁。嘉庆帝因元方、元亮两人同举进士，赐匾一方，文曰“花萼联辉，棠棣竞秀”，悬在镇北徐氏宗祠正厅二梁正中。从《徐氏云川阁十六景》的题款“嘉庆乙亥秋写邵埭徐氏云川阁十六景，应君实先生之属，即请鉴之。顾鹤庆。”可知，嘉庆二十年（1815），顾鹤庆客居云川阁时，将院内外景色分别绘成画册。

镇江博物馆前馆长陆九皋对“京江画派”情有独钟，1962年，他精心策划“京江画派”展览。为使展览内容更丰富，他专程赴上海到镇江籍收藏家和实业家严惠宇老先生家中，挑选了十多件“京江画派”绘画作品。严惠宇将他收藏多年的顾鹤庆《徐氏云川阁十六景》图卷挑出来慷慨“借”给镇江博物馆使用（实际上是赠送），也让此画逃过“文革”一劫。

在吸收前人优秀技法的同时，顾鹤庆敢于创新，以风格典雅的舒朗笔墨，将江南的诗意风光和杨柳的万种风情表现得淋漓尽致，创作了大量优秀的绘画作品，是京江画派代表名家之一。

柒玖

清明俭《暴书图》卷

再现古人晒书场景

农历七月初七，是中国传统节日七夕节，相传这一天是天上牛郎、织女相会的日子。其实，中国古代文人在七月初七还会做一件特别的事。

中国从汉代开始，产生了一个习俗：每年农历七月初七这一天，家家都要晾晒衣物。《世说新语》中记载了一件趣事：晋代时，有一个名叫郝隆的文人，在农历七月初七这一天，别人家都在外晒衣物，而他却走到室外，袒胸露腹，躺在庭院中大晒肚皮。别人问他干什么，郝隆回答："我晒肚子里的书。"

后来，"郝隆晒书"成为一句成语，人们用它来比喻一个人有学问，意指肚子里装满书籍。

古人晒书，其实并不是简单地把书放在太阳下晒。那么，古人究竟怎么晒书呢？镇江博物馆收藏的清代画家明俭《暴书图》卷，可观此事一斑。

《暴书图》卷纸本设色，纵34.6厘米，横102厘米，描绘了竹丛中的一座寺院，画中有5位僧人，他们或在屋里翻阅书籍，或将室内的书籍整理搬运到院落中晾晒。一张长方形的桌子上，摆满了整齐的典籍。画作表现了妙诠和尚率寺僧在梅雨季节之后，为寺院书屋晾晒藏书的写实场景。整幅画作绘工极细，设色淡雅，极具生活情趣。款题："暴书图。道光己亥仲夏写为妙诠和尚雅鉴。几谷，俭。"钤"明俭"白文方印。卷首原为阮元题篆书"暴书图"，"暴"字残，后由陈名珂用双钩

补之，并续题“暴书图”于卷首。卷后有钱泳、吴荣光、许之翰等人题跋。

暴书，也称曝书、晒书，是古人为防止书籍潮湿、避免虫蛀的一种方式，这幅画作生动再现了古人晒书的情景。

专家说，清代时，人们晒书已经非常讲究了，清代孙从添《藏书纪要·曝书》中就记载得很详细：“曝书须在伏天，照柜数目挨次柜晒，一柜一日。晒书用板四块，二尺阔，一丈五六尺长，高凳搁起，放日中，将书脑放上面，两面翻晒。”如果遇到下雨，可以连板带书一起搬到屋里，这与《暴书图》卷的画面情景很接近。

另外，书中还特别强调，把书摊放在板上，一定要在早上天气凉的时候进行，因为如果手上有汗，会污染书籍。可见，清代时，人们晒书已经有很完善的一套规则了。

值得一提的是，经过考证，人们发现《暴书图》卷是一幅高度写实的画作，上面描绘的地方，就位于镇江的焦山，画作反映的正是“焦山书藏”的晒书活动。

什么是焦山书藏呢？

嘉庆十八年（1813），漕运总督阮元、淮扬道台丁淮等人在镇江焦山建立藏书楼，起名“焦山书藏”。阮元是主要的发起者，他早年担任巡抚时，曾经写过这样一段话：“好学之士，半属寒酸，购书既苦无力，借书又难。其人坐此孤陋寡闻无所成就者，不知凡几。”为解决贫寒人士的读书问题，阮元先是在杭州建立了“灵隐书藏”，后来又在镇江建立“焦山书藏”。从《暴书图》卷可以看出藏书楼就是建在寺院里的，阮元之所以选择在寺院里建藏书楼，是因为他认为名寺古刹乃“宽闲远僻之地”，藏书于此，能传之久远。

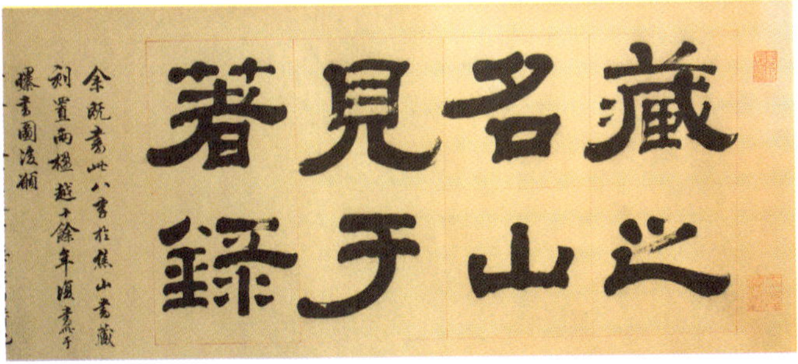

焦山书藏的藏书大多是人们捐赠的。阮元从自己在扬州的私人藏书楼中精选出图书206种、1400余册率先捐给焦山书藏。在他的影响下，捐书的人越来越多，阮元还让人按照捐赠的先后次序，编成《焦山书藏书目》12卷，共著录图书1400种、25000多卷、1000余册。令人惋惜的是，焦山书藏在1937年毁于日寇的侵华战火。

《暴书图》卷的画家明俭受阮元的邀请，创作了这幅画作。明俭（约嘉庆初—1866），字智勤，号几谷，别号九子山僧，江苏镇江人。俗姓王，出家小九华山真武殿为僧，能诗，工山水、花卉及行书、草书。初为张崟弟子，继则出入荆、关，墨彩沉郁，下笔如风。阮元十分喜欢这幅画作，特意在画首亲自题写了"暴书图"三个字。《暴书图》卷既让人们看到了古人晒书的真实场景，也让后人一睹昔日焦山书藏的盛景。

中国古代文人的晒书活动，最初是农历七月初七，后不再只局限于一天，主要集中在农历六、七、八月，而且要视天气条件而定。正是古人对书籍的悉心呵护，才有诸多善本、珍籍得以保藏留存下来，传之后世。

捌零

周镐《京江二十四景》图册

留住城市的历史记忆

既吸取古人传统艺术精华，又掺入山水写实真趣，形成“气象雄伟，落笔浓重”风格的京江画派，为画坛带来了一股清流，京江画人对实景山水情有独钟，坚持百年，实属罕见。京江画派殿军人物周镐的《京江二十四景》图册，即是京江画派实景山水的精品佳作之一。

周镐（生卒年不详），字子京，镇江人。清代嘉庆、道光年间镇江的知名画家。因家境贫寒，不求仕宦，卖画为生，故名不见诸画史。他擅长山水，笔势雄浑苍劲，设色精湛，色调淡雅明快。更精于用墨，皴法异于常人，常在浅淡处用焦墨数笔，使画面笔韵生动，构图跳出前人窠臼，设色上屡有创新，后人师之者甚多。

镇江博物馆收藏的《京江二十四景》图册，设色纸本，每开纵 37.5 厘米，横 63 厘米，每幅一景，既描绘了云雾缭绕的山城、通向境外的关隘、迎宾送客的驿站、晨起晓渡的码头、江上救生的设施，亦描绘了四月迎神的赛社、市河通衢的名桥、历史名人的故园，多视角多维度记录了一幅美轮美奂的“山水镇江”。

这二十四幅图分别是“林开古驿”“山绕瓮城”“京畿晓发”“梦溪秋泛”“范桥流水”“刁坞藏春”“浮玉观涛”“海门泛月”“狮岩消夏”“龙洞吟秋”“兽窟危亭”“鹤林古木”“西津晓渡”“北固晚钟”

“竹林听泉”“蓉楼话雨”“岘山策蹇”“招隐听鹂”“八公早梅”“半江红树”“城南赛社”“江上救生”“九华层云”“五州积雪”，独辟蹊径，精心构图，工雅瑰奇，江南小城的闲适与悠然令人耳目一新。

梦溪秋泛

范桥流水

刁坞藏春

浮玉观涛

海门泛月

狮岩消夏

龙洞吟秋

兽窟危亭

鹤林古木

其中，二十四景最后一景“五州积雪”右下角题“道光壬寅春月。笠农二先生雅正。周镐”。据此判断，此册应为周镐于道光二十二年（1842）绘制，赠予笠农先生。据查，笠农先生即赵霖，字笠农，丹徒人，在家中排行第二，故称“二先生”，是一位字画收藏家，历任户部主事、员外郎、郎中等职，其时正署福建光泉永兵备道（为清代道员带兵备衔者，为正四品官）。

《京江二十四景》图册以近乎写生的绘画风格和独特技法，将城市中的物象——城垣、驿站、码头、道路、桥梁、社事、名园等与山水画融于一体，对研究镇江的名胜掌故具有很高的资料价值。墨中有笔，笔中有墨，运用自如，变化万千，其重墨的山脊、浓墨的密林、细墨的小景、淡墨的水波，浓中有淡，粗中有细，表现出画家对家乡山水的情深意切。

“实景山水”是“京江画派”的首创，亦是“都市山水画”的雏形，是“京江画派”的艺术灵魂，周镐用手中的画笔留住了镇江城市的历史记忆。《京江二十四景》图册创作于1842年，约莫在周镐画作完成之后，1842年7月21日，英军进犯镇江，大肆烧杀抢掠，镇江名胜古迹、市井街巷多遭破坏。1860年，太平军攻占镇江，镇江古城建筑十有八九毁于战火。百余年沧海桑田、城市变迁，周镐的《京江二十四景》图册犹如一曲古城绝唱。

后记

时代在变，生活在变，唯细节动人。在此书付梓之际，感谢大家的付出！感谢专栏最初的构想者杨正宏先生、刁斌先生，因一个灵感，成就3个年头写稿的坚持！感谢周明磊女士、徐征先生为资金奔走，书籍才得以面世！感谢责任编辑吴小娟女士，出谋划策，不畏劳辛！

文物之途漫长，感谢一路同行的小伙伴：蓝旻虹、王玲、唐静、连小刚、孙琳、邓洁琼，要想走得远，大家一起走。是为记。

张　剑　马彦如

2022年2月